AF219825

1 Rechtlicher Hinweis Fuerteventura mal anders

Von Andrea Müller

Der Inhalt dieses Taschenbuches wurde mit größter Sorgfalt erarbeitet. Dennoch können Fehler nicht vollständig ausgeschlossen werden. Die Autorin übernimmt keine juristische Verantwortung oder irgendeine Haftung für eventuell verbliebene Fehler und deren Folgen. Alle Warennamen werden ohne Gewährleistung der freien Verwendbarkeit benutzt und sind möglicherweise eingetragene Warenzeichen. Alle (auch personenbezogenen) Abbildungen wurden nur für diesen Reiseführer explizit erlaubt. Eine Weiterverwendung / Weitergabe ist ausdrücklich nicht erlaubt. Das Werk einschließlich aller seiner Teile ist urheberrechtlich geschützt. Jede Verwertung - auch auszugsweise - ist nur mit Zustimmung der Autorin erlaubt. Alle Rechte vorbehalten.
Kommentare und Fragen sind herzlich willkommen:

Andrea Müller
Calle Las Cuevas, 91 – A2
E- 35542 Punta Mujeres, Provinz Las Palmas, Lanzarote
Web: www.fuerteventura-mal-anders.de
mailto:ebook@lfuerteventura-mal-anders.de
Copyright
© 2018 by Andrea Müller
Coverdesign: Andrea Müller
Seitenanzahl Druckvariante: 62 Seiten

2 Impressum

Bibliografische Information der Deutschen Nationalbibliothek

Die Deutsche Nationalbibliothek verzeichnet diese Publikation in der Deutschen Nationalbibliografie; detaillierte bibliografische Daten sind im Internet über http://dnb.d-nb.de abrufbar

© 2018 Andrea Müller

Herstellung und Verlag
BoD – Books on Demand, Norderstedt

ISBN: 9783752817072

3 Fuerteventura – Ein Überblick

Erstauflage 2018 - Topaktuell, detaillierte Informationen, wichtige nützliche Insider- Tipps und alle Highlights. Der **Reiseführer Fuerteventura... mal anders!** führt Sie neben unendlich langen, traumhaft schneeweißen Karibik-Stränden zu den sehenswerten Attraktionen der facettenreichen Vulkaninsel.

Erkunden Sie im Norden, vom größten und lebhaftesten Ort **Corralejo**, mit den traumhaften Dünen, die kleine naturgeschützte, die **Isla Los Lobos**, auf der der ehemalige Leuchtturmwärter ein kleines Restaurant betreibt, und genießen Sie die traumhaften **Badestrände** der **Playas Grandes**, die insbesondere in den Abschnitten **Flag Beach**, **Playa Bajo Negro**, **Playa Moro** und **Playa Poris** für Wassersportler geeignet sind.

Besuchen Sie im Nordwesten den Fischerort **El Cotillo**, der mit seinem jahrhundertealtem Wehrturm, dem **Castillo de Testón**, die Küste vor Eindringlingen schütze. Blicken Sie von der Küste auf die langen Strände der **Playa del Castillo**, an der sich Kite- und Bodysurfer treffen. Machen Sie einen Abstecher zum **Leuchtturm Faro de Tostón** mit dem **Fischereimuseum** und lassen Sie sich auf keinen Fall den noch unbekannten **Popcornstrand** entgehen.

Besichtigen Sie den historisch bedeutsamen Ort **La Oliva**, dessen Sehenswürdigkeiten wie die Pfarrkirche **Nuestra Señora de la Candelaria**, **die Ermita de Puerto Rico**, die beeindruckende **Casa del Coroneles**, das verfallene **Casa del Inglés**, sowie den damaligen Kornspeicher **La Cilla,** die auf das 17. Jahrhundert zurückgehen. Kunstliebhaber können im weitläufigem **Casa Mané**, die Werke von weit über 80 Künstlern, bestaunen.

Bestaunen Sie in **Tindaya**, im **Casa Alta de Tindaya**, die einmaligen Felsritzungen der Guanchen, der Ureinwohner der kanarischen Inseln.

Tauchen Sie im Freilichtmuseum **Ecomuseo de La Alcogida** in **Tefía** in das traditionelle Landleben der Insel ein und erwerben echtes Kunsthandwerk direkt vor Ort.

Im wenig besuchten Ort **Tetír** treffen Sie, neben der denkmalgeschützten **Pfarrkirche Santo Domingo de Guzman**, auf das **Gofio- Museum**, das vom letzten aktiven Gofio- Müller der Welt betrieben wird.

In der Inselhauptstadt **Puerto del Rosario**, erwartet Sie das größte Shopping- Center Fuerteventuras, das **Las Rotondas**, indem ausgiebig in Fachgeschäften eingekauft werden kann.

Erkunden Sie das Zentrum mit der Pfarrkirche **Nuestra Señora del Rosario**, das Museum **Casa Museo Unamuno**, kaufen Sie in den Markthallen **Mercado Municipal** oder im **Mercado Agrario de Fuerteventura** frische, lokale Produkte ein.
Gönnen Sie sich ein Sonnenbad am Stadtstrand **Playa Chica** oder am Hauptstrand **Playa Blanca**.

Im großen beliebten Ferienort **Caleta de Fustes** genießen Sie am flach abfallenden Sandstrand, der **Playa de Castillo**, den Blick auf den Jachthafen.
An der langen Promenade, vorbei an historischen **Kalköfen**, gelangen Sie zum Shopping- Center, **Centro Comercial Atlantico**. Zudem lässt der beliebte **Afrika- Markt** weitere Einkaufsmöglichkeiten zu.

Erkunden Sie die **Salinas del Carmen**, die historischen Salinen mit dem **Museo de La Sal**, in denen bis 1980 Salz gewonnen wurde.

Treffen Sie im Zentrum Fuerteventuras auf noch mehr **Inselgeschichte**: Bei einer Stadtführung durch **La Ampuyenta** sehen Sie die kleine, aber imposante **Ermita de San Pedro de Alcántara** und erfahren im Haus, dem **Casa Museo Dr. Mena** und der **Einsiedlerei von Fray Andresito**, alle Einzelheiten.

Begeben Sie sich im verschlafenen **Antigua**, zur Windmühle, der **Molino de Antigua**, mit dem interessanten Käsereimuseum, dem **Museo de Queso de Majoro**.

Unbedingt sollten Sie in **Tuineje** halten, um in der Kirche **San Miguel Arcángel**, die Altarbilder zur **Schlacht am Tamasite** zu sehen.

Besuchen Sie in **Pájara** die eindrucksvolle Pfarrkirche **Nuestra Señora de la Regla**, vor der eine **Noria**, ein restauriertes Wasserschöpfrad, das von einem Esel angetrieben wird.

Fahren Sie an die schroffe Küste von **Ajuy** mit dem tiefschwarzen Strand der Toten, der **Playa de los Muertos**, und erkunden Sie entlang der Meersklippen die **Kalkbrennöfen**, sowie die tiefen Grotten, die Cuevas, die als Piratenversteck dienten.

In der ehemaligen Inselhauptstadt **Betancuria** sollten Sie neben einem Stadtrundgang die Kirche **Nuestra Señora de la Concepción** mit dem angeschlossenem **Museum für sakrale Kunst** und die Klosterruinen des **Convento de San Buenaventura** mit der **Ermita San Diego**, besichtigen. Blicken Sie vom 645 m hohen Aussichtspunkt, dem **Mirador de Morro Velosa**, auf die wüstenartige Landschaft der Insel. Unbedingt müssen Sie Selfies am **Mirador de Guise y Ayose**, den 4,50 m hohen Statuen der ehemaligen Könige, die über die Insel herrschten, machen.

Möchten Sie sehen, wie alte **Windmühlen** auf der Insel funktionieren, erleben Sie dieses im kleinen Museum, dem **Centro de Interpretación de Molinos**, in **Tiscamanita**. Bei einem Abstecher zur Käserei **Quesos de Belido** treffen Sie sogar auf gefüllte Gofio- Kekse.

Durchqueren Sie das unpassierbare **Malpais** der Ureinwohner, das mit Geröll und Lavasteinen durchsetzt ist und drehen Sie einfach, in der auf Steinen aufgebauten Siedlung **La Atalayita**, die Zeit zurück.

Treffen Sie an der Ostküste auf die große Feriensiedlung **Las Playitas**, mit einem dunklen, feinsandigen Sandstrand, müssen Sie auf jeden Fall den einzigartigen Leuchtturm, den **Faro Punta de la Entallada**, anfahren.
In **Gran Tarajal**, treffen Sie am feinsandigen dunklen Strand, auf Einheimische, die hier wohnen und in Hotels arbeiten.
Auf eine fast deutsche Enklave treffen Sie in **Tarajalejo**, mit einem R2 Hotel und Appartements, die an einer langen Promenade mit dunklem Kiesstrand entlangführt.
Erwähnenswert sind die neuen 5 Skulpturen des **Mareseum**, die, die Interpretation „das Meer und alles was es ausmacht und vermittelt" darstellen.
Unbedingt sollten Sie in **La Lajita** im riesigen **Oasis Park** einen schönen Tag verbringen, indem auch Kinder, Dank der beeindruckenden Shows, voll auf ihre Kosten kommen.

Lassen Sie sich von dem einmaligen Kontrast einer kargen Gebirgslandschaft und einer Miniatur- Sahara beeindrucken: Erleben Sie in **La Pared**, an der schmalsten Stelle der Insel, dem **Istmo de la Pared**, eine rauhe Küste mit wunderschönen Buchten, blicken Sie Richtung Norden auf das große **Felsentor**, oder stellen Sie sich den Wellen des Atlantiks an der **Playa de Viejo Rey**. Verpassen Sie nicht die Käserei **La Pastora**, die neben Schafs- und Ziegenkäse auch Likör aus Ziegenmilch anbietet.

Fühlen Sie sich an der **Costa Calma**, die von deutschen Urlaubern bevorzugt wird, wie zuhause, jedoch mit schöner Strandlage und Sonnengarantie. Shoppen Sie in den **Einkaufszentren**, schlendern Sie über den **Afrika- Markt**, oder genießen Sie neben **Tapas** auch die typisch deutsche Küche bei einem frisch gezapften Pils.

Ein absolutes Muss ist der über **20 km langen Strandabschnitt**, der nach der **Costa Calma** beginnt, über **Jandía Playa** führt und im ehemaligen Fischerörtchen **Morro Jable** endet. Nehmen Sie sich eine Auszeit am schneeweißen Strand mit dem glasklaren, türkisfarbenen Meer, und lassen Sie Ihre Seele einfach nur baumeln.

Am **Playa de Sotavento** bis zum **Risco del Paso** kommen Sie, auch Dank des **René Egli Wind- und Kite- Surf Center**, vom Anfänger bis zum Profi, voll auf Ihre Kosten.

Baden Sie im Süden Fuerteventuras in den traumhaften Badebuchten der **Playa de Butihondo** und der **Playa de Esquinzo** und setzen Sie unendlich entspannende Strandspaziergange bis in den Süden der Insel nach **Morro Jable** fort.

Relaxen Sie an den **Playas de Jandía**, gehen Sie an der langen Einkaufspromenade in Jandía einkaufen und erfreuen Sie sich über den schönsten Strandabschnitt, die **Playa del Matorral**, die besonders für Kinder geeignet ist.

Machen Sie sich vom Hafenort **Morro Jable** zur Südspitze Fuerteventuras auf. Erreichen Sie über rucklige Vulkanpisten den verschlafen Ort **Puerto de la Cruz** mit dem Leuchtturm **Faro de Jandía**. Gelangen Sie über Serpentinen nach **Cofete** zu der endlos langen **Playa de Barlovento** mit einer unglaublichen Brandung und besichtigen Sie die geschichtsträchtige **Villa Winter**, in der die Gerüchteküche brodelt.

4 Übersichtskarte Fuerteventura

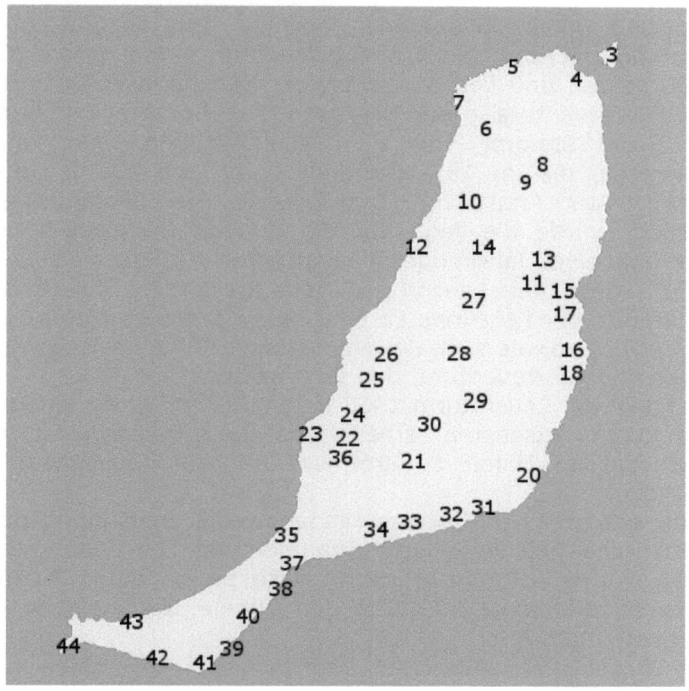

3=Los Lobos, **4**= Corralejo, **5**= Playa de Majanicho/ Popcornstrand, **6**= Lajares, **7**= El Cotillo, **8**= Villaverde, **9**= La Oliva, **10**= Tindaya, **11**= Casas de Filipito, **12**= Puertito de los Molinos, **13**= Tetir, **14**= Tefia, **15**= Puerto del Rosario, **16**= Caleta de Fueste, **17**= Playa la Guirra, **18**= Salinas del Carmen, **20**= Pozo Negro, **21**= Tuineje, **22**= Pajara, **23**= Ajui, **24**= Vego de Rio Palmas, **25**= Betancuria, **26**= Mirador de Morro Velosa, **27**= La Ampuyenta, **28**= Antigua, **29**= Valles de Ortega, **30**= Tiscamanita, **31**= Las Playitas, **32**= Gran Tarajal, **33**= Tarajalejo, **34**= La Lajita, **35**= La Pared, **36**= Mirador Astronomico de Sicasumbre, **37**= Costa Calma, **38**= Playas de Sotavento, **39**= Playas de Jandia, **40**= Risco del Paso, **41**= Jandia, **42**= Morro Jable, **43**= Cofete, **44**= Puerto de la Cruz

5   La Isla de Los Lobos

Die nur 6 Quadratkilometer kleine Insel, **Isla de Los Lobos** entstand mit dem Norden Fuerteventuras vor rund 6000-8000 Jahren und liegt zwischen der Nachbarinsel Lanzarote und Fuerteventura in der Meeresenge La Bocaina. Der Name der Insel stammt von den Mönchsrobben, den Lobos marineros, die im 15. Jahrhundert vor und auf der Insel lebten. Aus Angst um schwindende Fischbestände der Fischer, wurde die Jagd auf die Robben freigegeben, die innerhalb eines Jahrhunderts ausgerottet wurden.

1863 wurde der Leuchtturm gebaut, der bis heute den Schiffen in der Fahrrinne La Bocaina zwischen Lanzarote und Fuerteventura, als auch der Meeresenge El Rio, zwischen Los Lobos und Fuerteventura, den Weg weist.

Nachdem der Leuchtturm 1968 automatisiert wurde, erlaubte man dem ansonsten arbeitslosen Leuchtturmwärter ein Fischlokal im Hafen zu eröffnen, um die Tagesgäste zu bewirten.

Dank erfolgreicher Proteste fanden weder Bausünden noch touristische Erschließungsmaßnahmen auf Los Lobos statt.

1982 wurde die Insel zum **Naturpark**, dem **Parque Natural**, erklärt und 1987 in den Dünen- Nationalpark von Corralejo integriert.

Die Ticket- Verkaufsstelle befindet sich im Hafen von Corralejo, ein Glasbottom- Boot für die Überfahrt startet direkt gegenüber. Bereits nach 15 Minuten Überfahrt ist man auf der Insel angekommen.

Über den betonierten Landungssteg führt der Weg zum Besucherzentrum, dem **Centro de Visitantes**, in dem neben Informationstafeln, auch Toiletten vorhanden sind.

Startet man die Wanderung über die Insel Richtung Leuchtturm, dem Faro de Martiño, trifft man nach 10 Minuten auf den kleinen Hafen **El Puertito**, mit dem Restaurant des ehemaligen Leuchtturmwärters, und einer Bademöglichkeit in der kristallklaren Lagune.

An inzwischen fast zerfallenen Häusern führt der Weg zu den **Las Lagunitas** weiter.

Las Lagunitas zeichnet sich durch die Gewächse aus, die, ähnlich wie im Süden Fuerteventuras, in Jandía, in der Region von El Saladar, trotz Meerwasser wachsen können.

Anschließend führt eine helle Sandpiste, die an der brodelnden schwarzen Küste vorbeigeht, zum Leuchtturm.

Die Route geht weiter zum **Montaña Caldera**, der mit seinen 127 m in 30- 40 Minuten bestiegen werden kann.

Anschließend können noch die Salinen, die **Las Salinas del Carmen**, in Augenschein genommen werden, die restauriert, aber niemals in Betrieb genommen wurden.

Kurz danach, befindet sich einer der schönsten zu erreichenden Badebuchten der Insel, die **Playa de La Calera**.

Fazit: Die Überfahrt vom Hafen aus Corralejo dauert nur 15 Minuten. Jedoch benötigt man mindestens 3 Stunden, um die Insel zu umrunden. Zudem: Um den Montaña de Caldera zu erklimmen, kommen mindestens 45 Minuten für den Aufstieg und 30 Minuten für den Abstieg in Ansatz.

Tipp: Bei klarer Sicht, sollte man die Tour über die Insel links herum starten, um auf den 127 m hohen Vulkanberg, den Montaña de Caldera, zu steigen, um eine wunderschöne Aussicht über Los Lobos, und auf Lanzarote und Fuerteventura zu genießen.

6 Corralejo

Das in den 1950- Jahren noch kleine Fischernest **Corralejo**, mit einigen winzigen Behausungen und gerade einmal 200 Einwohnern, mauserte sich ab 1968 zu einem quirligen Ferienort im Norden der Insel.

Als 1982 die einzigartige, atemberaubende Dünenlandschaft, die sich südlich der Stadt befindet, unter strengen Naturschutz gestellt wurde, befanden sich dort bereits 2 Hotelbunker, das RIU Tres Islas und das RIU Oliva Beach.

Durch das 20 Quadratkilometer große Areal führt die schnurgerade Landstraße FV- 1 in die Inselhauptstadt Puerto del Rosario.

An der Küste entstanden durch den Flugsand, der aus dem Famara- Gebiet der Nachbarinsel Lanzarote herüberweht, auf über 7 Kilometern schneeweiße, von Lavazungen durchzogene, traumhafte Badebuchten.

Für weitere Hotels wurde nur noch eine Baugenehmigung außerhalb der Dünen und südlich der Stadt erteilt.

Inzwischen verzeichnet Corralejo mehr als 20.000 Gästebetten und zählt neben der Caleta de Fueste, an der Küste in der Mitte der Insel, und Jandía im Süden, zu den meist besuchtesten Ferienzielen der Insel.

Im **Fährhafen**, dem **Puerto de Corralejo**, starten Boote, um zur vorgelargerten Insel Los Lobos oder zur Nachbarinsel Lanzarote überzusetzen. Alternativ besteht die Möglichkeit mit den großen Fähren von Fred Olsen oder Armas nach

Lanzarote zu fahren, sodass auch ein Pkw mitgenommen werden kann.
Bei klarer Sicht genießt man von der Promenade, der **Punta de Corralejo**, die links am Hafen entlang geht, einen schöne Aussicht auf Lanzarote und Los Lobos.
Rechts vom Hafen beginnt die Strandpromenade, die **Avenida Maritima**, die an unzähligen Restaurants und Cafés, sowie kleinen Strandbuchten vorbeiführt.
Im Zentrum Corralejo lädt die lange **Avenida Nuestra Señora del Carmen** zum Shopping ein.
Am Ortsausgang, Richtung Hauptstrände, Playas Grandes, befindet sich die **Villa Tabaiba Galeria de Arte**. Sie ist in Privatbesitz und nur unregelmäßig geöffnet. Dennoch lohnt es sich einen Blick über die Mauer des Anwesens zu werfen, um die Kunstwerke zu bestaunen.
An den Hauptbadestränden, den ausgeschilderten **Playas Grandes**, die vor den RIU Hotels liegen, präsentieren sich die schönen, schneeweißen Dünen und Sandstrände in ihrer vollen Pracht.
Der Strand an den RIU- Hotels kann auch mit den öffentlichen Bussen oder mit dem Taxi erreicht werden, wohingegen sich für die darauf folgenden Buchten, **die Playa Bajo Negro**, **Playa del Moro** und die **Playa del Porís**, die insbesondere für Kite- und Body- Surfer zu empfehlen sind, ein Mietwagen empfiehlt.
Der Strand an den RIU- Hotels kann auch mit den öffentlichen Bussen oder mit dem Taxi erreicht werden, wohingegen sich für die darauf folgenden Buchten, **die Playa Bajo Negro**, **Playa del Moro** und die **Playa del Porís**, die insbesondere für Kite- und Body- Surfer zu
Märkte:

6.1 *Mercado Baku*
Der Markt befindet sich am Baku- Wasserpark in Corralejo. Dienstags und freitags können in der Zeit von 10.00- 14.00 Uhr in erster Linie Imitate erworben werden.

6.2 *Mercado El Campanario*
Der große Markt befindet sich im **Einkaufszentrum El Campanario** in der Calle Hibisco, in Corralejo. Donnerstags und sonntags wird zwischen 10.00 und 14.00 Uhr einheimisches Kunsthandwerk angeboten. Zudem sind die Geschäfte des Zentrums geöffnet.

7 Playa de Majanicho und Popcornstrand

Es bestehen 2 Möglichkeiten die Strände zu erreichen. Die pittoreske Playa de Majanicho ist von Lajares aus Richtung Norden zu erreichen.
Mit etwas Glück sieht man einheimische Fischer, die ihren Fisch zum Mittagessen vorbereiten.
Die Sandpiste, mit Blick auf die Nachbarinsel Lanzarote, führt entlang weiterer Strände. Nach ca. 10 weitern Fahrminuten trifft man auf eine zusammengebretterte, aus in größten Teilen mit Strandgut angefertigte, illegale Strandhütte.
Direkt davor befindet sich der Popcorn- Strand, der seinem Namen alle Ehre macht.
Direkt aus Corralejo kommend, ist der Weg zu diesen Stränden etwas schwerer zu finden.
Vom Hafen kommend, auf der Straße zum Hauptbusbahnhof, an der Avenida Juan Carlos, an der sich befindet das Hotel Bristol Sunset Beach befindet, führt eine unscheinbarer Weg, auf dem am Beginn Autos parken, zu den Stränden. Eingebogen, folgt man der Sandpiste Richtung Küste.

8 Lajares

Das kleine Dorf, das den Charme eines Hippie- Eldorados hat, ist bei Surfern ein beliebter Zwischenstopp auf dem Weg an die Küste nach El Cotillo.
Lajares wurde durch seine Kunsthandwerksschule, der **Escuela de Artesania Canaria**, die auf eine lange Tradition blickt, bekannt.
Hintergrund: Ende des 19. bis Anfang des 20. Jahrhunderts stand die, von portugiesischen Einwanderern eingeführte Stickerei, in voller Blüte. Rückwanderer aus Amerika und Portugal beschäftigten die Frauen des Dorfes als Billigkräfte, die aufgrund von Profitgier unterbezahlt wurden.
Die Gründerin der Schule, Frau Natividad Hernandez Lopez, sorgte für eine faire Bezahlung der Arbeiterinnen und gründete 1957 die Stickereischule, um weitere Frauen auszubilden. Inzwischen ist sie einem der größten Kunsthandwerksläden der Insel angeschlossen, in dem neben Kunsthandwerk, Aloe- Vera- Produkte, Kleidung und Lebensmittel verkauft werden.
Das Geschäft ist nicht gesondert ausgeschildert, aber dennoch einfach zu finden. Am Ortsausgang, direkt neben der Apotheke, der Farmacia, befindet sich eine Lottostelle,

die neben dem Glücksspiel, im wahrsten Sinne des Wortes, ein Souvenirshop ist.
Früher spielte neben der Ziegenhaltung der Getreideanbau eine tragende Rolle.
Im Ortsteil **Casas de Arriba** stehen 2 kanarische Gofio-**Windmühlen**, in denen das geröstete Getreide zu Mehl verarbeitet wurde.
Bei der runden Windmühle, die zurzeit noch restauriert wird, handelt es sich um eine Molino, das weibliche Pendant nennt sich Molina, mit einem über Eck angebauten Gebäude für den Müller. Auf dem großen gepflasterten Platz befindet sich die **Ermita San Antonio**.

Im Zentrum findet jeden Samstag in der Zeit von 10.00-14.00 Uhr ein kleiner **Hippie- Markt** mit handgemachten Souvenirs statt.

9   El Cotillo

Der Ort liegt im Nordwesten an der Küste der Insel, am Ende der FV-10. Das einstige Fischerdorf wurde um zahlreiche Neubauten und Appartements erweitert.
Am Ortseingang, zur Meerseite, befindet sich eine restaurierte **Windmühle**, die ein Foto wert sein dürfte.
Im ausgeschilderten Ort, Richtung **El Tostón**, sieht man oberhalb des neuen Hafens restaurierte **Kalköfen**, die wie kleine Festungen aussehen, und an die einst wichtige wirtschaftliche Rolle des Ortes erinnern. Lange Zeit war die Kalkproduktion die wichtigste Einnahmequelle Fuerteventuras und fand vor allem auf Gran Canaria Absatz.
Darüber befindet sich die wichtigste historische Sehenswürdig des Ortes: das **Castillo de El Tostón**.
Die Geschichte des Wehrturms beginnt mit der Eroberung der Insel durch die spanische Krone. Die Bastion wurde im 17. Jahrhundert auf den Ruinen des alten Castillos, dem Rico Roque mit Steinen, die aus einer Höhle in der Nähe von El Castillo liegt, errichtet. Ziel war es die Küste und den Hafen vor den häufigen Angriffen der nordafrikanischen Piraten, Engländern und Franzosen zu schützen.
Der Turm hat einen Durchmesser von 15 m und verjüngt sich nach oben. Im Untergeschoss befand sich die Pulverkammer, auf dem Dach befanden sich 3 Eisenkanonen und eine Wasserzisterne, die den 12 Soldaten ermöglichte, für längere Zeit autark zu bleiben.

Im Wehrturm befindet sich eine Wechselausstellung. Der Eintrittspreis kann ausschließlich mit einer Kreditkarte bezahlt werden. Kinder unter 12 Jahren sind frei.

Übrigens:
Ein baugleicher Wehrturm befindet sich in **Caleta de Fueste** am Barceló- Hotelkomplex, der jedoch nicht begehbar ist. Unweit vom Castillo de El Tostón steht ein **Walskelett**, danach beginnen die schönen Strände, die zu der größten Attraktion des Ortes zählen. An der mehr als 1 km langen **Playa del Castillo** treffen sich vor allem Body- und Kitesurfer.

Am nördlichen Dorfrand befindet sich die kleine **Ermita de Nuestra Señora del Buen Viaje.** Das schlichte Gebäude wurde 1834 gebaut und trägt auf der linken Seite einen winzigen Glockenstuhl.

Von El Cotillo führt die Küstenstraße nördlich zum **Museo de la Pesca Tradicional**- dem **Fischereimuseum.** Auf diesem Weg folgt die **Playa Los Lagos de Cotillo**, die sich am Ortsausgang befindet.

Danach schließt sich der beliebte Strand, die **Playa de La Concha**, an.

Dem Straßenverlauf folgend, trifft man auf die **Caleta del Rio.**

Das Fischereimuseum erkennt man bereits aus der Ferne durch den rot- weiß gestreiften Leuchtturm- **Faro El Tostón.** 1897 begannen die Bauarbeiten am ursprünglichen Leuchtturm mit dem Nebengebäude für den Leuchtturmwärter, das inzwischen zum Fischereimuseum umfunktioniert wurde.

Der Leuchtturm diente als Markierung des gleichnamigen Meeresgebiets von der Ballena- Landspitze und kennzeichnet die Bocaina- Meeresenge zwischen Fuerteventura und Lanzarote.

Mitte des 20. Jahrhunderts beschloss man, aufgrund der niedrigen Höhe und der Baufälligkeit des alten Turmes, einen neuen, höheren Leuchtturm zu bauen, der 1955 eingeweiht wurde.

Der neue, rot- weiß gestreifte El Testón- Leuchtturm wird automatisch betrieben und hat eine Höhe von 30 m. Seine Reichweite beträgt 14 Seemeilen, was etwa 26 km entspricht. Die zur Wartung und Bedienung erforderlichen Arbeiten führt der Leuchtturmwärter des **La Entallada- Leuchtturms** aus, der sich im Süden bei **Las Playitas** befindet.

Das Museum widmet sich mit spanisch- englischen Bild- und Schrifttafeln der Fischerei und dessen Bedeutung für Fuerteventura. Ein deutsches, 30- seitiges Informationsheft wird am Eingang zur Verfügung gestellt, um die Tafeln zu verstehen.

Öffnungszeiten: 10.00- 17.30 Uhr, sonntags und montags geschlossen.

Bitte beachten Sie, dass Toiletten vorhanden sind, aber nicht benutzt werden können. Auch der alte Leuchtturm ist nicht mehr begehbar. Es empfiehlt sich, im Museums- Café einen Cortado zu trinken, oder sich auf die geschützte Außenterrasse zu setzten, um zu entspannen.

Tipp: Möchte man sich nach längerer Fahrtzeit die Beine vertreten, bietet sich ein ca. 30- minütiger, ausgeschilderter Rundgang am Leuchtturm an.

Weitere traumhafte Badebuchten, die **Playas de Los Charcos**, befinden sich unweit des Leuchtturms, Richtung Norden.

10 Villaverde

Im Zentrum des Dorfes liegt die kleine Kirche **Ermita de San Vicente Ferrer de Villaverde**, dessen Hauptportal sich auf der Rückseite befindet.

Der Ort würde einen Besuch wert sein, wenn die Hauptattraktion, die Höhle **Cueva del Llano**, noch geöffnet wäre.

Sie liegt an der FV-101, Richtung **Villaverde** und ist ab der Hauptstraße ausgeschildert. Die Höhle entstand vor ca. 1 Million Jahren, indem ein Lavastrom von außen erkaltete und ein Lavastrom im inneren herauslief. Sie ist mit 648 m die längste und größte Höhle der Insel und hat einen Durchmesser von 7 bis 10 m.

Seit 2017 ist die Höhle geschlossen, da hier die auf Fuerteventura heimische und vom Aussterben bedrohte **Spinnenart**, die **Maiorerus randoi**, im hinteren Teil, der für Menschen unzugänglich ist, lebt.

Die ausschließlich in dieser Höhle vorkommende Spinnenart wurde erstmals 1991 entdeckt und ist ein bemerkenswertes Beispiel dafür, wie sich die Spinne an das Leben in absoluter Dunkelheit angepasst hat.

Die nur 2,2 mm kleine Spinne, von der schätzungsweise noch 20 Exemplare existieren, ist gelblich, da sie jegliche

Pigmentfärbungen verloren hat. Aufgrund der Dunkelheit, ist sie blind, da sich die Augen zurückgebildet haben. Ihre Beine und Antennen, die ausschließlich zur Orientierung dienen, sind lang und dünn. Genetische Untersuchungen haben ergeben, dass diese Spinnenart ursprünglich aus Afrika stammt, wahrscheinlich auf Treibgut nach Fuerteventura gelangte und sich zu eigenständigen Arten entwickelt hat. Im Laufe der Zeit sind wegen zunehmender Trockenheit auf der Insel wahrscheinlich alle anderen Arten ausgestorben, sodass nur noch die wenigen Exemplare in den **Cuevas de Llanos**, aufgrund der konstanten Temperaturen und hoher Luftfeuchtigkeit in der Höhle, überlebten.

11 La Oliva

Damals stand **La Oliva** inmitten von Olivenhaien, die zur Namensgebung führten. Nach der Eroberung der kanarischen Inseln steuerte das Militärregiment von 1708- 1859 direkt von La Oliva aus die Insel, sodass hier viele interessante Sehenswürdigkeiten die Inselgeschichte widerspiegeln.

Im Zentrum befindet sich die Kirche **Nuestra Señora de La Candeleria**, die eine der größten Fuerteventuras ist, und über die Jahrhunderte verschiedene Umwandlungen durchgemacht.
Die genaue Bauzeit ist nicht bekannt, die Entstehungszeit wird jedoch auf das 17. Jahrhundert terminiert, aus der das Westportal entstand.
Das Highlight der fünfteiligen Hochaltarwand ist die Skulptur der **Señora de La Candeleria** mit Kind, die eine Kopie der Schutzpatronin aus Teneriffa ist.
Übrigens: Für schöne Fotos muss die Kirchenbeleuchtung, die sich am Eingang rechts befindet, gegen Gebühr eingeschaltet werden.
Das geschichtsträchtige Haus, das **Casa de Los Coroneles**, befindet sich ausgeschildert am Rand des Ortes, in der Calle Los Coroneles.
Das Gebäude liegt vor vom **Vulkanberg Montaña Oliva** mit einer Höhe von 326 m. Es stammt aus der 2. Hälfte des 17. Jahrhunderts und ist das größte Landgut auf den kanarischen Inseln.
Hier residierte das Militärregime unter der Führung des ersten Oberst **Señor Ginés de Cabrera Bethencourt**, der sich 1708 in La Oliva mit seiner Familie niederließ. Er eignete sich riesige Ländereien an und gewann zunehmend mehr

politischen Einfluss, sodass er fast ein Drittel der Insel besaß. Dem riesigen Anwesen mit Patio wurde früher, aufgrund von Erzählungen der Bevölkerung nachgesagt, es hätte für jeden Tag ein Fenster, also 365, jedoch sind es in Wirklichkeit „nur" 117. Da die Bauern weder lesen, schreiben noch rechnen konnten, versuchten sie auf diese Weise, die Größe und ihre Faszination für das Gebäude auszudrücken.

Bis 1994 war das Herrenhaus im Besitz der Erbengemeinschaft der Nachfahren von Oberst Bethencourt. Es wurde von der Inselregierung gekauft und von 2001 bis 2006 restauriert.

Öffnungszeiten: Dienstags bis samstags: 10.00- 18.00 Uhr, montags, sonntags und feiertags geschlossen. Tel.: 0034 928 868 280 Eintritt: 3,00 €.

Unscheinbar, aber geschichtsträchtig, ist die **Ermita de Puerto Rico**, die sich etwas abseits gelegen, auf der rechten Seite, in der Seitenstraße vor dem Casa de Coronel befindet. Sie war die erste Kapelle, die in La Oliva errichtet wurde, um den tiefen christlichen Glauben der Dorfbewohner auszudrücken.

Auffällig sind die schönen Steinmetzarbeiten an den Tür- und Fenstereinfassungen, die geometrische und pflanzliche Ornamente in hellem Kalksandstein zeigen.

Unweit der Kirche befindet sich das **Kornmuseum- La Cilla**. Da Getreide und Hülsenfrüchte für die Majos eine sehr große Rolle spielten, wurde das Kornmuseum in der **Casa de La Cilla**, dem damaligen Kornspeicher, untergebracht. Es befindet sich in der Calle La Orilla.

In Cillas wurden die Ernteeinträge der Kirche, die aus eigenem Besitz und aus Zentabgaben stammten, gelagert. Weitere Kornspeicher gab es in Betancuria, Tiscamanita, Tetir und Tindaya.

Das Gebäude wurde Anfang des 19. Jahrhunderts im Stil der traditionellen Inselarchitektur erbaut und von der Inselregierung restauriert. Es werden landwirtschaftliche Geräte ausgestellt und bäuerliche Arbeitsabläufe erläutert, um einen Einblick in das Leben der Landbevölkerung zu geben.

Geschichte: Der traditionelle Ackerbau auf Fuerteventura: Der Ackerbau war der wichtigste Wirtschaftszweig auf der Insel, dem die Majos vor der Eroberung der Insel bis zur Mitte des letzten Jahrhunderts nachgingen. Zunächst wurden die fruchtbaren Täler und Ebenen der Insel in Ländereien

aufgeteilt und besiedelt, sodass die Nahrungsgrundlage der Insulaner, die Sozialstruktur und der Handel sichergestellt werden konnte.
Zu den Hauptanbauprodukten zählten Weizen, Gerste, Roggen, Hülsenfrüchte, Mais und Obstbäume.
In niederschlagsreichen Jahren fiel die Ernte sehr erfolgreich aus, sodass beträchtliche Mengen verkauft werden konnten. Jedoch verwandelte sich die Insel in regenarmen Jahren, ohne nennenswerte Ernteerträge, regelrecht in ein Armenhaus.
Das Alltagsleben der Bevölkerung drehte sich in erster Linie um den Kornanbau. Das Regenwasser musste aufgefangen und die Erde für den Anbau und die Aussaat vorbereitet werden.
Aufgrund des ständigen Wassermangels entwickelten die Bauern besondere Techniken, um bei Regenfall das kostbare Wasser so gut wie möglich zu nutzen.
Auf Fuerteventura war es seit jeher üblich, das Regenwasser als Gemeingut zu betrachten, deren Nutzung entlang der natürlichen Wasserläufe, die nicht unterbrochen werden durften, erfolgte.
Die Ernte wurde im Allgemeinen zwischen März und Juni, je nach Regenfällen, Aussaat und Pflanzzeit, eingebracht. Zuerst wurden Gerste und Linsen geerntet, danach die übrigen Hülsenfrüchte und Weizen.
Sie erfolgte durch die Bauernfamilie oder Landarbeitergruppen, die aus Nachbarn oder Verwandten bestand. Je nach Aufwand wurden auch Lohnarbeiter eingesetzt, die mit Geld oder einem Kornanteil entlohnt wurden.
Die Verpflegung der Arbeiter, die zu Lasten des Bauern ging, bestand aus Mojo- Soßen, Brot, Gofio, Feigen, gesalzenem Fisch, als Getränke standen Wasser und Wein zur Verfügung.
Da die Schautafeln der Ausstellung ausschließlich auf Spanisch beschriftet sind, erhält man an der Kasse ein Heft mit deutschen Erklärungen.
Eintritt: 1,50 €; Öffnungszeiten: Dienstags bis freitags 10.00- 17.00 Uhr.
Unweit der **Casa de Los Coroneles**, befindet sich das Kunstzentrum **Centro de Arte Canario- Casa Mané**, in der Calle Salvador Manrique de Lara.

Durch die Privatinitiative des **Kunsthändlers Manuel Delgado Camino, der Mané** genannt wurde, ist das

Zentrum 1991 entstanden, indem über 80 Künstler ihre Werke ausstellen.
Öffnungszeiten: Montags bis freitags 10.00- 17.00 Uhr, samstags 10.00- 14.00 Uhr. Eintritt: 5,00 €. Tel.: 0034 928 868 233/ 0034 616 531 930
Übrigens: Als Kunstliebhaber sollte man für die umfangreiche Ausstellung einen halben Tag einplanen.

Ein letztes Zeugnis des Wohlstandes, das **Casa del Inglés**, befindet sich seitlich der Straße, die von **La Oliva** nach Villaverde führt.
Das Haus, **Casa del Inglés** ist ein Gebäude aus dem 18. Jahrhundert, das auch den Namen Sitio de Don David, den Sitz des Herrn David, trägt.
Es ist ein bedeutendes Beispiel für die Architektur des ländlichen Bürgertums und präsentiert deren ökonomische Macht in La Oliva. Der Bauherr, Señor Julian Leal Sicilia, dessen Familie aus La Palma kam, widmete sich der Landwirtschaft und dem Handel zwischen den kanarischen Inseln und Amerika.
Ursprünglich hatte das Haus 2 Etagen und einen Innenhof mit einer Aljibe, einem Wasserspeicher. Zwei Zwischenwände teilten das Objekt in einen Nord- und Südtrakt auf.
Finanzielle Einbußen in seinen Handelsaktivitäten zwangen Señor Sicilia dazu, sein Haus zu verkaufen, das in den Besitz des englischen Naturforschers Mr. David Parkinson, der sich der Flora und Fauna auf der Insel widmete, über.
Da sich die Bevölkerung nach Jahren nur noch daran erinnerte, dass im Haus ein Engländer lebte, trägt die Ruine den Namen Casa del Inglés, das Haus des Engländers.
Als Mr. Parkinson in seine Heimat zurückkehrte, verkaufte er das Haus, das danach unterschiedlich genutzt wurde. Während des Guerra Civil, dem spanischen Bürgerkrieg wurde es von der Armee besetzt und diente als Krankenstation der Streitkräfte, die in La Oliva lagen.

Tipp: La Oliva Eintritts- Kombi- Ticket: Mit diesem Ticket, das vor Ort in **La Oliva** gekauft werden muss, können Sie das Kornmuseum **La Cilla**, das **Casa de Coroneles** und das **Casa Mané** besichtigen. Das Ticket kann in allen 3 Sehenswürdigkeiten erworben werden und kostet 6,00 €, anstelle von 9,50 €. Hierzu müssen Sie lediglich an einer Eintrittskasse nachfragen.

Tipp: Sofern Sie im Norden der Insel urlauben, sollten Sie die geführte Tour mitmachen, die bereits um 10.00 Uhr startet.

Ein Highlight für authentische Souvenirs ist der **Mercado de las Tradiciones.** Der Markt befindet sich im **Casa del Coronel**, in der Calle Francisco Fuentes Martín, 15. Dienstags und freitags werden zwischen 10.00 und 14.00 Uhr selbstgemachte Handwerkskunst und Lebensmittel angeboten.

12 Tindaya

Der 400 m hohe **Montaña de Tindaya** ist der heilige Berg der Ureinwohner, der **Guanchen** Fuerteventuras, auf dem sie eine Kult- und Grabstätte besaßen. Die größte Attraktion bilden die über 200 Felsritzungen, in Form von Fußumrissen, der Guanchen.

Aufgrund von wiederholtem Vandalismus und unachtsamen Wanderern wurden viele der Ritzungen unwiederbringlich zerstört, sodass die Inselregierung ein absolutes Verbot zur Besteigung des Tindayas verhängt hat.

Da auch erst nach langen Protesten von Naturschützern der Abbau des Vulkangesteins für den Hausbau eingestellt wurde, lassen sich am Hang des Tindayas noch deutlich die Abbaustellen des Steinbruchs erkennen.

Am Rand des Ortseinganges, nach dem Centro Cultural, befindet sich eine kleine **Kapelle** mit offenem Glockenstuhl aus schwarzem Gestein.

Am Ortsende, etwas erhöht gelegen, liegt die Käserei **Quesos de Tindaya**, in der von Montag- Samstag von 08.30- 14.00 Uhr Ziegenkäse angeboten wird.

Das restaurierte Gebäude **Casa Alta de Tindaya** liegt unweit der FV- 10 und ist, dem inzwischen verstorbenen **Künstler** und Bildhauer, **Eduardo Chillida** gewidmet.

Geplant waren zwei lange senkrechte Lichtschächte in den Vulkanberg Tindaya zu bohren und diese mit einem bereits vorhandenen Stollen, der als Zugang dienen sollte, zu verbinden. Die Schächte sollten sich auf der vorderen und hinteren Bergseite befinden, um dem Besucher das unterschiedliche Lichtspiel von Sonne und Mond zu präsentieren. Obwohl das Projekt auf der gegenüberliegenden Seite mit den Felsritzungen vorgesehen war, wurde es nicht umgesetzt.

Im ersten Ausstellungsraum werden anhand von Schachtmodellen in zwei Säulen, die Lichtspiele simuliert. Im zweiten Raum veranschaulicht ein großes Holzmodell des Vulkanberges das Vorhaben des Künstlers, zudem werden mehrere abgetragene Steinblöcke mit Felsritzungen gezeigt. Die Ausstellung wird durch Filmvorführungen, die auch in der oberen Etage stattfinden, komplettiert.
Geöffnet: Dienstags bis sonntags von 10.00- 14.00 Uhr. Eintritt frei.

Links oberhalb der **Casa Alta de Tindaya**, direkt neben der Hauptstraße, führt eine Schotterpiste zum Denkmal des spanischen **Poeten Unamuno**, zum **Monumento Unamuno**.
Zum 100. Geburtstag setzte die Inselregierung ein Denkmal zu Ehren des bedeutenden spanischen Poeten und Dichters Miguel Unamuno in den Vulkanberg des Montañas Quemada, des sich unweit von Tindaya befindet. Der Berg wurde ausgewählt, da Unamuno in einem seiner Briefe an einen vertrauten Freund beschrieb, dass diese Region einer der Plätze sei, in der er gerne nach seinem Tod beerdigt werden würde.

13 Casas de Filipito

Die Anlage **Casas de Filipito** befindet sich an der FV- 10 Puerto del Rosario, Richtung Tetír. Auf der Höhe von **La Asomada** fährt man auf die FV- 219 Richtung **El Time**. Man folgt der Beschilderung und erreicht über eine Schotterpiste nach ca. 15 Minuten die **Casas de Felipito**.
Die Finca liegt im Llano del Triguero- der Ebene des Getreides, die aufgrund des Getreideanbaus ihren Namen erhielt. Sie wurde nach **Felipe Ruíz Gonzáles** benannt, den man Felipito el feo- den kleinen, hässlichen Philipp rief, einem Bauer, der Anfang des 20. Jahrhunderts mit seinen Eltern hier lebte.
Das zweistöckige Wohnhaus, befindet sich direkt am Eingang rechts und zeigt ein landestypisches Wohnhaus, indem bescheidene Bauern lebten.
Nach der Restaurierung wurde der Komplex als Museum in 2002 eröffnet und wir von Insulanern als eine Art Freizeitpark mit überdachten, windgeschützten Sitzmöglichkeiten, Grillplätzen, Kinderspielplatz und Bocciabahnen, genutzt.
Das Bemerkenswerte an der Anlage sind die Anstrengungen, die der Bauer auf sich nahm, um ein von Kalksteinen

durchsetztes Land zu bebauen und fruchtbar zu machen. Er nutzte die Kalksteine, um Mauern als Windschutz und als Gehege für Tiere, die bis 3 m hoch waren, zu bauen. Er konstruierte Entwässerungssysteme, um das Regenwasser auf sein Grundstück zu führen.

Ihm kam die zweifelhafte Ehre zu Teil, als erster Majorero im Hospital Viejo- im alten Krankenhaus, das inzwischen die Universität von Fuerteventura ist, zu sterben.

Öffnungszeiten: Mittwochs bis sonntags von 10.30- 18.00 Uhr. Der Eintritt ist frei.

14 Puertito de los Molinos

Die FV- 221 führt an einer breiten Schlucht vorbei, die in Regenzeiten das Wasser von den Vulkanbergen ins Meer nach **Puerto de los Molinos** leitet. Nach starken Regenfällen ist das Gebiet wunderschön grün bewachsen, jedoch verblasst im Sommer das Farbenspiel.

Im Dorf angekommen, bietet sich die Möglichkeit das Auto stehen zu lassen, um über eine Brücke, unter der Enten sich eingenistet haben, zu 2 Restaurants zu gelangen.

Aber die schönste Aussicht über die Bucht bietet sich, wenn man links am Parkplatz den Weg hoch läuft.

Der dunkle Stein- Kiesel Strand an der **Playa los Molinos** ist aufgrund der Gezeiten und der Wellen nicht als Badestrand geeignet.

15 Tetír

Das kleine Dorf liegt an der FV-10, auf der Höhe von Puerto del Rosario. Bereits von weitem erblickt man den siebenstöckigen Glockenturm der **Pfarrkirche Santo Domingo de Guzmán**.

Die Kirche stammt aus dem 18. Jahrhundert und wurde nach Renovierungsarbeiten, bei denen alte Wandgemälde aus dieser Epoche zum Vorschein kamen, unter Denkmalschutz gestellt.

Direkt an der Hauptstraße befindet sich das **Gofio- Museum**. Der Besitzer des Museum, Herr Francisco Cabrera Oramas, ist der letzte aktive Gofio- Müller auf der Welt.

Gofio ist ein Mehl, das aus geröstetem Mais hergestellt wird. Es war das Grundnahrungsmittel auf den kanarischen Inseln.

Hinter dem Museum kann man dann noch beobachten, wie der Mais geröstet wird.

Schade ist, dass der Müller nur spanisch spricht und das Mahlen der Maiskörner erst vorführt, wenn größere Reisegruppen ins Museum kommen. Dennoch sollten Sie hier eine Tüte echtes Gofio- Mehl kaufen, da es nicht industriell gefertigt wurde.

Öffnungszeiten: Dienstags bis freitags 9.00- 14.00 Uhr, 16.30- 19.30 Uhr, samstags 10.00- 17.00 Uhr, sonntags 10.00- 15.00 Uhr. **Tipp:** Lassen Sie die Hotelrezeption unter der Nummer 639 752 848 im Museum anrufen, um zu erfragen, wann der Müller den Gofio mahlt.

16 Tefía

Das Freilichtmuseum **Ecomuseo La Alcogida** liegt an der FV- 207 in **Tefía** und ist die Hauptattraktion des Dorfes.

Im ersten kleinen weißen Gebäudekomplex neben dem Parkplatz befindet sich die Rezeption, an der die Eintrittskarten gelöst werden und man einen Plan für den Rundgang bekommt.

Das Museum ist eine Rekonstruktion eines traditionellen ländlichen Dorfes. Es besteht aus 7 repräsentativen Häusern, die originalgetreu mit Materialien, die die Majoreros benutzt haben, in Stand gesetzt wurden.

Zum größten Teil haben die Häuser 2 Etagen und flache, oder geneigte Dachflächen mit arabischen Dachziegeln. Man findet von sehr komplexen Konstruktionen, in denen vermögende Familien wohnten, bis hin zu einfachen Gebäuden vor, die an die bescheidenen Verhältnisse der Bauern auf Fuerteventura erinnern.

Das Dorf war bis in die 70-er Jahre des letzten Jahrhunderts bewohnt, und wurde von der Inselregierung ab 1992 restauriert.

Jedes Haus hat den Namen seiner ursprünglichen Eigentümer erhalten; das Haus von Señora Hermina und Señor Donato zeigt einfache Wohnverhältnisse auf.

Die Häuser haben einen U- oder L- förmigen Grundriss, der Innenhof orientiert sich nach Süden zum Schutz vor starken Winden und wird durch eine Mauer geschlossen.

Bei den wohlhabenden Familien waren um den Innenhof mehrere Nebengebäude angeordnet, die durch eine Holz- oder Steintreppe erschlossen wurden. Der Reichtum drückte sich unter anderem, in kleinen überdachten Balkonen und umlaufenden Galerien aus Holz, im Obergeschoss aus.

In den Häusern der Kunsthandwerkerfamilien Herrera und Cabra, sowie des Müllers, der Familie Molino, lebt die traditionelle Handwerkskunst der Insel weiter. In den Räumen sitzen Korbflechter, Töpferer, Weber, Sticker und Steinmetze, deren Artikel zum Kauf angeboten werden. Öffnungszeiten: Dienstags bis samstags 10.00- 18.00 Uhr. Eintritt: 5,00 €.

Am Ortseingang befindet sich eine Windmühle vom Typ **Molina**, gegenüber führt eine Straße in den östlichen Teil des Dorfes zur **Ermita de Tefía**, die von einer hohen Mauer umgeben ist. Die Kirche stammt aus dem frühen 18. Jahrhundert und wurde unter Denkmalschutz gestellt. Links daneben befindet sich die Arena für die **Lucha Canaria**, dem kanarischen Ringkampf.

17 Puerto del Rosario

Die Geschichte der **Inselhauptstadt**: Der damalige Ankerplatz für Handelsschiffe war bereits 1426 in einer venezianischen Seekarte verzeichnet und diente in erster Linie als Verladepunkt für Ziegen, die als Lebendproviant für die Besatzung der großen Handelsschiffe mit auf die Reise genommen wurden. Aus diesem Grund wurde der Hafen ab dem 18. Jahrhundert **Puerto de Cabras**, übersetzt **Ziegenhafen**, genannt.

Im 19. Jahrhundert nutzten die Engländer den Hafen als Stützpunkt, um den Handel mit Gran Canaria und dem europäischen Festland zu kontrollieren. Im Jahre 1806 löste sich Puerto de Cabras von seiner Mutterpfarrei in Tetír und wählte die Rosenkranzmadonna, die **Virgen del Rosario** als Schutzpatronin für die eigene Pfarrkirche und rief sich 1835 zur selbstständigen Gemeinde aus. 1860 wurde die Hafenstadt, in der der Handel mit Soda, Kalk, Ziegen und dem roten Farbstoff aus der Koschenille- Lauszucht florierte, zur **Inselhauptstadt** ernannt. Erst im Jahr 1956 durfte sich die Stadt nach dem Namen ihrer Schutzpatronin in **Puerto del Rosario** umbenennen.

Sehenswürdigkeiten:
Die Pfarrkirche **Nuestra Señora del Rosario** befindet sich im historischen Stadtkern zwischen der **Calle León y Castillo** und der **Avenida 1 de Mayo**.

Sie wurde im Jahr 1812 errichtet und war das erste religiöse Gebäude im Stadtkern der Insel. Es handelte sich um ein kleines Gebetshaus, das der Jungfrau von El Rosario gewidmet war. In den Jahren 1824- 1835 wurde der zentral stehende Glockenturm hinzugefügt, der heute in der Ostfassade integriert ist. Auffällig sind am Hauptportal die schmiedeeisernen, verzierten Gitter. In der Mitte des Hochaltars befindet sich die Patronin der Kirche mit dem Jesuskind auf dem Arm.
Jährlich findet am 7. Oktober ein Fest zu Ehren der Nuestra Señora del Rosario statt. Zu diesem Anlass wird das Hauptportal geöffnet und die Prozessionsfiguren werden zusammen mit der Madonna durch die Straßen getragen.

Das Museum **Casa Museo Unamuno** befindet sich in **Calle Virgen del Rosario**, gegenüber der Kirche.
Das Gebäude wurde 1877 in das Bestandverzeichnis des Grundbuchs von **Puerto de Cabras**, dem ursprünglichen Namen von Puerto del Rosario, eingetragen. Damals war es ein kleines Gästehaus, das unter dem Namen „ Hotel Fuerteventura" geführt wurde, indem der spanische Schriftsteller **Miguel de Unamuno** während seines Exils 5 Monate auf der Insel lebte. Das Museum ist ein Zeugnis typischer Architektur kanarischer Wohnhäuser aus jener Zeit. Öffnungszeiten: Täglich von 09.00- 14.00 Uhr geöffnet, samstags, sonntags und an Feiertagen geschlossen. Der Eintritt ist frei.
Zusatzinformation:
Miguel de Unamuno war Professor und Rektor der spanischen Universität in Salamanca. Aufgrund von kritischen Äußerungen gegenüber dem Regime wurde er am 12. März 1924 vom damaligen Staatschef nach Fuerteventura verbannt. Er lebte 5 Monate auf der Insel im Exil, freundete sich mich den Einwohnern an und schrieb seine beeindruckenden Eindrücke über Fuerteventura nieder, die in Tageszeitungen in Madrid, Buenos Aires und Gran Canaria veröffentlicht wurden. Danach floh er freiwillig nach Frankreich, um seinen Kampf außerhalb Spaniens gegen die Diktatur aufzunehmen.
Die Inselregierung setzte ihm zu seinem 100. Geburtstag ein Denkmal auf den **Montaña Quemada**, das sich unweit des Dorfes **Tindaya** befindet.

Das Kunstmuseum **Centro de Arte Juan Ismael** befindet sich etwas abseits des Hafens, in der Calle Alimirante Lallemand, 30, gegenüber der Tankstelle. Von dienstags bis samstags werden in der Zeit von 9.00- 13.00 Uhr und 17.00- 21.00 Uhr auf mehreren Etagen kanarische und internationale Kunstwerke, sowie Objekte von Juan Ismael ausgestellt.
Tipp: Um sicherzugehen, dass auch eine Ausstellung stattfindet, und nicht vor leeren Wänden zu stehen, lassen Sie sich unter der Telefonnummer: 928 859 750/ 51/ 52 die Ausstellung bestätigen.

17.1 Einkaufen in Puerto del Rosario

Das größte Einkaufszentrum der Insel, das Centro Comercial **Las Rotondas,** befindet sich im Kreisverkehr der Calle Francisco Pi y Arsuaga.
Öffnungszeiten: Montags- samstags von 10.00- 22.00 Uhr, sonntags geschlossen. Alle Infos zu den aktuellen Markengeschäften finden Sie unter: www.lasrotondascentrocomercial.com

Die kleine Markthalle des **Mercado Municipal** liegt unterhalb des Zentrums, Richtung Hafen, in der Calle Teófilo Martinez Escobar, unweit der **Plaza España.**
Von Montag bis Freitag, in der Zeit von 7.00- 13.00 Uhr, bieten die Händler eine Auswahl an Obst, Gemüse, Fleisch, Fisch und Käse an.
Tipp: Besuchen Sie diesen kleinen Markt mit den freundlichen Verkäufern, solange es noch möglich ist. Aufgrund eines geringen Besucheraufkommens, könnte es absehbar sein, dass diese kleine Markthalle nicht mehr dauerhaft existieren wird.

Der Markt **Mercado Agrario de Fuerteventura** befindet sich in der oberen Etage des zentralen Busbahnhofes, der **Estación de Guagas,** in der Avenida la Constitución. Samstags in der Zeit von 8.00- 14.00 Uhr werden hausgemachte Produkte und Lebensmittel angeboten.

17.2 Strände in Puerto del Rosario

Der Stadtstrand von Puerto del Rosario, die **Playa Chica,** liegt an der **Avenida de los Reyes de España** und befindet sich unweit des Fähr- und Handelshafen.

Südlich der Hauptstadt befindet sich der lange, weiße Sandstrand **Playa Blanca**, der von der Autobahn FV-2 ausgeschildert ist.

Interessant: **Graffiti- Kunst-** die neuen Fassaden der Hauptstadt

Im Januar 2011 beschloss das Planungsamt von **Puerto del Rosario** verkommene Gebäudefassaden der Hauptstadt verschönern zu lassen.

Nach Rücksprache mit Eigentümern wurde 2015 ein Wettbewerb für die künstlerische Gestaltung, dem „**Concurso de Arte Urbano de Puerto de Rosario**" ausgeschrieben. Inzwischen durften sich mehr als 36 Künstler mit ihren Werken verwirklichen.Aufgrund positiver Feedbacks seitens Insulaner und Touristen wird dieses Projekt fortgesetzt.

18 Caleta de Fueste

Bis zum Urlaubsort **Caleta de Fuestes** ist es, südlich vom Flughafen aus, nur noch ein Katzensprung. Bereits nach 7 km erreicht man den in den 1980- Jahren entstandenen Ferienort, der in erster Linie von Engländern geprägt ist.

Der auf dem Reißbrett entstandene Ort besteht aus einer Ansammlung von Ferienappartements und Hotels, gepaart mit kleinen Einkaufszentren und unzähligen Restaurants.

Eine lange Promenade führt direkt am großen, künstlich angelegten, schneeweißem Hauptbadestrand, dem **Playa Caleta de Fuestes Beach**, entlang.

Sehenswert und für den Ort namensgebend ist der aus dem Jahr 1740 stammende Wehrturm, der an der Promenade vor dem Barceló- Hotelkomplex steht und baugleich mit dem **Castillo de El Tostón** in **El Cotillo** ist. Mit diesen Wehrtürmen wurden die Küsten vor den häufigen Attacken durch Piraten, Engländern und Franzosen geschützt.

Märkte:

Der beliebte **Afrika- Markt** liegt an der Hauptstraße FV-2 direkt über dem Kreisverkehr, und findet dienstags und samstags von 10.00- 14.00 Uhr statt.

19 Playa La Guirra

Südlich von **Caleta de Fuestes** liegt die Urlaubssiedlung **Playa La Guirra**, zu der Fuerteventuras erster 18- Loch-Golfplatz gehört. Gegenüber, auf der Meerseite, liegen weitete Hotels und das **Einkaufszentrum Centro Comercial Atlantico**. Am Zentrum beginnt die Promenade, an der mehre Kalkbrennöfen aus vergangen Zeiten zu sehen sind. Von hier kann man bis **Caleta de Fuestes** spazieren gehen. Geschäfte und Öffnungszeiten des **Centro Comercial Atlantico** unter: www.ccatlanticofuerteventura.com

20 Salinas del Carmen

Das Salzmuseum **Museo de la Sal** befindet sich an der FV-2 südlich von **Caleta de Fuestes**.

Die Anlage besteht aus 2 Komplexen: Im Hauptgebäude befindet sich eine permanente Ausstellung über die Geschichte des Salzes und den **Salinas del Carmen**, die um 1910 gebaut wurden. Der Rundgang beginnt links vom Gebäudekomplex.

1 Saltadero: Hier befindet sich der höchste Punkt der Salinen. Der Wind treibt die Wellen an die Felsen und beim Auftreffen bildet sich Schaum, in dem die Salzkonzentration am höchsten ist. Das Wasser sammelt sich im Auffangbecken und wird weitergeleitet.

2 Cocederos: Das gesammelte Wasser fließt durch einen Kanal in weitere Auffangbecken.

3 Tajos: Wenn das Wasser am Cocedero angekommen ist, verdunstet es und das Salz kristallisiert. Auf der Oberfläche bildet sich ein dünner Salzfilm, der zwei Mal täglich abgetragen wird, damit sich das Salz am Grund absetzen kann. Sobald das Wasser fast vollständig verdunstet ist, schöpft der Salzbauer das Salz vom Grund ab und lässt es seitlich abtropfen. Danach wird es eingesammelt und in das Lager gebracht.

4 Almacen: Hier werden die Arbeitsgeräte der Salineros aufbewahrt, das gereinigte und getrocknete Salz gelagert und in Tüten verpackt.

5 Embarcadero- Ladeplatz: Vom El Muellito, dem kleinen Kai, wurde das Salz in Wagons zur Verschiffung auf die anderen kanarischen Inseln geladen.

6 Horno de Cal- Kalköfen: Für den Bau der Salinen und deren Instandhaltung wurde Kalk benötigt. In der Zeit von Oktober bis März, in der kein Salz gewonnen werden konnte, wurde in den Öfen Kalk gebrannt. Der Steinofen hat seitlich 2 Kammern, um Kalksteine und den gebrannten Kalk zu lagern.

7 Aljibe- Zisterne: Die Zisterne befindet sich in einer kleinen Senke, in der Wasser für die Versorgung der Finca gesammelt wurde.

Geöffnet: Dienstag bis Freitag und Sonntag von 9.30 bis 17.30 Uhr, Eintrittspreis: 5,00 € pro Person.

21 Malpais Grande

Die Küstenstraße zwischen **Pozo Negro** und **Gran Tarajal** führt durch das **Malpais grande**, einer Vulkanlandschaft das von großen und kleinen Vulkanbrocken übersäht ist. Diese Region wird so bezeichnet, da nach extremen Vulkanausbrüchen, das Gebiet für die Ureinwohner nur schwer passierbar war.

22 Pozo Negro

Der kleine Fischerort **Pozo Negro** liegt am Ende der FV- 420. Der Weg führt durch das **Malpais Grande**, dem „großen schlechten Land", das durch Eruptionen der **Vulkane Caldera de La Laguna** und **Caldera de Liria** entstand. Im 15. Jahrhundert zählte der Ort durch seinen natürlichen Hafen zu den wichtigsten Häfen der Insel. Inzwischen ist es sehr ruhig um Pozo Negro mit seinen 2 kleinen Fischrestaurants geworden.

Die eigentliche Sehenswürdigkeit, das **Freilichtmuseum**, das **Centro de Interpretacion Poblado de La Atalayita**, liegt nur wenige Kilometer vor Pozo Negro. Ein holpriger Weg führt zum Interpretationszentrum, das sich halb unterirdisch im der Erde befindet. Ausgestellt sind Fotos und Texte zu Flora, Fauna und den Ureinwohnern, den Majos, Fuerteventuras.

Zum Dorf **La Atalayita** geht es, unterhalb des Parkplatzes, zu Fuß.

Das Dorf ist nach dem erhöhten Vulkankegel **Lomo de Atalayita** benannt, den die Ureinwohner als Aussichtsposten für die Überwachung des Küstenabschnitts von Pozo Negro nutzten. Das Leben spielte sich im Wesentlichen im Freien ab, sie bewohnten kleine kreisförmige Bauten aus aufgeschichteten Lavasteinen. Es existierten unterschiedliche einheimische Siedlungen, manche über Generationen dauerhaft, andere nur als Versteck, angesichts der Überfälle der Eroberer.

La Atalayita nimmt eine Fläche von 45.000 qm ein, auf der sich 115 Bauten, mit teilweise unterschiedlichen Strukturen finden.

Am Eingang des Dorfes wurde ein Gebäude restauriert, das die traditionelle Architektur auf der Insel und die einheimische Bauweise widerspiegelt. Im Gegensatz zu den alten Gebäuden ist der Grundriss rechteckig, das Dach besteht aus einer Ruten- und Stabkonstruktion, auf dem Lehm aufgebracht ist. Auf der Seite dieses Hauses liegen Schalenreste von Muscheln und Schnecken, dessen Fleisch, nach Fisch, die wichtigste Nahrungsquelle waren, und aus denen einfache Werkzeuge hergestellt wurden. Die Häuser der Majos weisen andere Strukturen auf. Sie haben einen Durchmesser von 1.50- 2.00 m und einen kreisförmigen oder elliptischen Grundriss. Der Eingang ist schmal und niedrig. Zudem existieren zusammenhängende Wohnkomplexe mit Nebengebäuden, die sich zu einem zentralen Platz öffnen, der von Mauern umgeben ist. Hier wurden, durch weitere Steinmauern abgetrennte Bereiche, Hirtenhunde, Schafe und Kamele gehalten. Ebenso nutzten sie vulkanische Lavagrotten als Wohnraum, die durch eine enge Maueröffnung mit zwei heruntergehenden Treppenstufen erschlossen wurden.

Der Eintritt ist kostenlos, das Besucherzentrum ist jedoch überwiegend geschlossen. Übrigens: Die überdachten Sitzbänke vor dem Interpretationszentrum laden zu einer gemütlichen Mittags- oder Verschnaufpause ein.

23 Tuineje

Im Zentrum des Dorfes **Tuineje** befindet sich die **Kirche San Miguel Arcangel**.
Stolz sind die Dorfbewohner auf die im Jahre 1740 erfolgreich geführte Schlacht gegen die Engländer am **Tamasite**. Diese wurde auf zwei Tafelbildern, die sich rechts und links am Altarsockel befinden, dargestellt.
Die Schlacht am Tamasite: Aufgrund der Entdeckung Amerikas, wurden die von der spanischen Krone eroberten kanarischen Inseln zum wichtigsten Zwischenstopp für eine sichere Passage über den Atlantik.
Um seine Ansprüche auf die Kanaren geltend zu machen, erklärte 1730 das englische Königshaus Spanien den Krieg. Jedoch erst 10 Jahre später, am 12. Oktober 1740, trafen 50 schwer bewaffnete englische Korsaren im Hafen von Gran Tarajal ein, um die damalige Hauptstadt Betancuria zu erobern.
Von Gran Tarajal kamen sie, Richtung Tuineje, durch die trockenen Schluchten gut vorwärts ohne entdeckt zu werden.
Laut Sage drangen die Engländer am 13.Oktober in die

Siedlung Casillas Blanca, die südlich von Tamasite lag, ein und zwangen einen Bauern sie zum Befehlshaber in Betancuria zu führen. Dieser konnte jedoch noch rechtzeitig einen seiner Söhne dazu veranlassen, über den 346 m hohen Berg von Tamasite zu laufen, um in Tuineje die Einwohner zu alarmieren, sodass umgehend die Kirchglocken von Dorf zu Dorf geläutet werden konnten.

Als die Engländer Tuineje erreichten und die Kirche plünderten, hatten sich bereits bemerkt, dass die Bewohner sich aufstellt hatten und Hilfe aus den umliegenden Dörfern nahte, sodass sie sich zum Rückzug Richtung Meer entschlossen.

Der Befehlshaber der Majoreros, bat um die Hilfe des Schutzpatrones San Miguel und befahl den Bauern ihre Dromedare zusammenzutreiben, um sich den Engländern südlich vom Tamasite am Pass von El Cuchillo, entgegenzustellen.

Die Dromedare finden den Kugelhagel ab, sodass die Bauern als Sieger aus dieser Schlacht hervorgingen. Sie leisteten ihrem Schutzpatron einen Schwur, der jedoch im Laufe der Zeit vergessen wurde.

Gut 200 Jahre später, im Jahre 1946 rief der Geistliche von Tuineje den Bewohnern die historische Schlacht ins Gedächnis und setzte den 13. Oktober als Festtag an, der ab 1974 in die Tat umgesetzt wurde.

24 Pájara

Bereits im 16. Jahrhundert siedelten sich Hirten und Fischer hier an und gründeten **Pájara**, der heute zu den ältesten Orten der Insel gehört.

Sehenswert ist die Kirche **Nuestra Señora de la Regla**, dessen Bau 1645 begonnen und 1687 fertig gestellt wurde. Im 18. Jahrhundert wurde sie um das rechte Seitenschiff erweitert. Die auffälligen Steinmetzarbeiten am Portal, die aztekisch inspiriert sind und u.a. wie Schlangen, Federn, Sonnen und Löwen aussehen, stammen von einheimischen Künstlern, die vermutlich aus italienischen Vorlagebüchern Ideen und Inspirationen übernommen hatten.

Möchte man den dunklen Innenraum der Kirche beleuchtet sehen, wird man mit 1,00 € für 6 Minuten zur Kasse gebeten.

Unweit vor der Kirche befindet sich eine restaurierte **Noria**, ein Wasserschöpfbrunnen, der früher von Kamelen in Gang gesetzt wurde, heutzutage noch ab zu als Touristenattraktion, von einem Esel angetrieben wird.

25 Ajuy

Die FV-621 führt direkt zu einem kleinen Fischerdorf **Ajuy**, das auch **Puerto de la Peña** genannt wird. Der 10 km lange Küstenabschnitt wurde aufgrund seiner bedeutenden Geschichte für die Insel und den beeindruckenden Kalksandstein- Formationen, 1994 zum **Naturdenkmal**, **Monumento Natural**, erklärt.

Im Ort angekommen, besteht die Möglichkeit am ausgewiesenen Parkplatz, oberhalb des Fischerdorfs zu parken, oder bis zum 2. Parkplatz, der sich direkt am Strand befindet, zu fahren.

Der schwarze, feinsandige Strand ist, je nach Jahreszeit zum Baden freigegeben, sollte jedoch mit größter Vorsicht, aufgrund der extremen Unterströmungen, betrachtet werden. Nicht umsonst heißt er **Playa de Los Muertos**, der Strand der Toten, dessen Name jedoch noch aus der Eroberzeit stammt, als die Piraten hier ein furchtbares Blutbad an den Ureinwohnern anrichteten. Um die Highlights von Ajuy zu erkunden, führt rechts neben dem Strand ein Weg hoch.

Nach ca. 20 Minuten sieht man den oberen Teil einer der Kalkbrennöfen, zu denen es den Fels herab geht.

Informationen zu den Kalköfen befinden sich am Wegesrand.

Danach führt der Trampelpfad zu einer Aussichtsplattform, bergab über Stufen kann die Höhle im Inneren des Vulkanes erkundet werden, die als Versteck vor Piraten diente.

Auch der Rückweg bietet eine fantastische Aussicht auf den gesamten Küstenabschnitt, schöne Fotos sind inbegriffen.

26 Vega de Río Palmas

Von **Pájara** führt die FV- 30 Richtung **Betancuria**. Die kurvenreiche Strecke führt an bis zu 700 m hohen Berggipfeln vorbei und bietet Aussichten bis zum Meer.

Kurz nach dem Straßenschild **Degollada de los Granadillos** befindet sich die 1. Aussichtsplattform, der **Mirador del Risco de la Peña**.

Auf der Weiterfahrt trifft man auf den 2. Aussichtspunkt, den **Mirador Las Peñitas**, mit Aussicht auf den von Palmen umrandeten Stausee. Aufgrund von Fehlplanungen kann man nur noch nach regenreichen Zeiten von einem Stausee sprechen.

Im Dorf angekommen, besteht die Möglichkeit bis zum mit Palmen bewachsenden Anfang des Stausees zu fahren. Man biegt am Ortsende links ein und folgt dem Straßenverlauf.

Am Ende der Straße, an der sich die **Casa de la Naturaleza** befindet, biegt man links ein. Ein Zutritt zum Stausee bleibt Autofahrenen, aufgrund einer privaten Absperrung leider verwehrt.

Bei genaurer Betrachtung der angepflanzten Kakteen, geht man zuerst von einem Schimmelbefall aus. Jedoch handelt es sich hierbei um eine **Koschinellen-Zucht**. Aus Mexiko stammend, stellt die auf der Kaktuspflanze gezüchtete Laus ein Karmin her, dass seit den Asteken für das Färben von Stoffen, Lebensmitteln und Kosmetik verwendet wird. 1835 gelangte sie nach Lanzarote und Fuerteventura. Die Ableger der Kakteen werden im April gepflanzt und werden, wenn sie ausreichend groß sind, von Insekten infiziert. Im Sommer werden sie vorsichtig mit Blechlöffeln geerntet. Das Verfahren der Trocknung und Reinigung um die Koschenille zu erhalten, ist akribisch und streng traditionell. Seitdem jedoch der rote Farbstoff künstlich hergestellt wurde, verlor die Zucht an Bedeutung.

Am Ende des Ortes, Richtung Betancuria, befindet sich die Wallfahrtskirche **Virgen de La Peña**. Die imposante Kirche ist täglich von 10.30 Uhr- 15.15 Uhr geöffnet. Die Messe findet sonntags um 12.00 Uhr statt.

27 Betancuria

Der **Naturpark Betancuria** ist mit über 100 Quadratkilometern der größte der Insel und nimmt 10% der gesamten Inselfläche ein.
Die **ehemalige Inselhauptstadt** trägt eine lange, interessante Geschichte mit sich.
Nach Vertreibung der Ureinwohner, fanden 1404 europäische Siedler, in dem damals noch sehr wasserreichem Tal, einen sicheren Platz, um sich anzusiedeln. Der französische Edelmann und Ritter **Jean de Béthencourt** hatte im Auftrag seines Königs Heinrich III. Fuerteventura im Handumdrehen von Lanzarote aus erobert. Bei seiner ersten Stadtgründung auf der Insel benannte er den Ort einfach nach seinem Nachnamen- daher stammt der Name **Betancuria**.
Der Eroberer hatte über 200 Handwerker und Bauern aus der Normandie eingeschifft und angesiedelt, um schnell in der Stadt eine funktionierende Struktur aufzubauen.
Im Jahr 1593 überfielen berberische Piraten, unter der Leitung des gefürchteten Anführer **Xabán de Arráez**, Betancuria und machten sie fast vollständig dem Erdboden

gleich. Doch bereits im selben Jahr begannen die Wiederaufbauarbeiten der Stadt und der Kathedrale, die erst im Jahre 1691 vollständig abgeschlossen wurden.

In jener Zeit wurden überwiegend Feudalsitze gebaut, die nach und nach aufgegeben wurden, als 1835 **Puerto de Cabras**, das heutige **Puerto del Rosario**, zur Inselhauptstadt ernannt wurde.
Die Sehenswürdigkeiten des Ortes stehen unter Denkmalschutz. Vom ausgeschilderten Parkplatz kommend, gelangt man treppaufwärts zur Hauptstraße des Ortes.
Folgt man der Straße Richtung Kirche, befindet sich auf der rechten Seite zur Orientierungshilfe ein Stadtplan.
Die Kirche **Santa Maria de Betancuria** befindet sich im hinteren Teil des Dorfes. Im hinteren, linken Teil der Kirche befindet sich das **Museum für sakrale Kunst**, sodass der Kircheneintritt 1,50 € beträgt. Öffnungszeiten: Montag-Samstag: 10.00- 12.30 Uhr- 13.00- 15.50 Uhr, Sonntag: 10.30- 14.20 Uhr.
Im Gebäude neben der Kirche befindet sich ein großer Souvenirshop.
Im gleichen Gebäudekomplex, jedoch auf der Rückseite des Souvenirshops, liegt das **Centro Insular de Artesanía**, eine Kombination aus Ausstellungszentrum mit und Filmvorführung zur Unterwaaserwelt mit 2- und 3D Effekten und Foroimpressionen. Eintrittspreis: 6,00 €. Danach kann man sich die Ausstellung im Innenhof ansehen. Durch die Gartenanlage gelangt man zu einem Café/ Restaurant, mit Terrasse, das auch von der Straße aus zugänglich ist.

Direkt vor dem Ortsausgangsschild von Betancuria, Richtung Mirador de Morro Velosa, führt ein Weg rechts rein zu den Ruinen der **Klosterkirche Convento de San Buenaventura**.
An der linken Eingangsseite der Ruine gedenkt eine kleine Marmortafel dem spanischen Eroberer Diego García de Herrera, der Fuerteventura als Ausgangspunkt für seinen Sklavenhandel wählte und 1485 im Kloster beigesetzt wurde.Kurz nachdem die spanische Krone die Insel erobert hatte, wurde im Jahr 1416 mit dem Bau des **Franziskanerklosters** begonnen, dass das erste auf den kanarischen Inseln war, von dem aus Missionare die Bevölkerung christianisierten.

Gegenüber der Ruine befindet sich die **Ermita San Diego**, die durch eine Maueröffnung erreichbar ist. Überlieferungen zufolge, befand sich hier eine kleine Höhle, in der sich der **Franziskanermönch Diego de Alcalá**, der von 1445- 1449 Abt des Klosters war, zurückgezogen haben soll. Nach seinem Tod im Jahr 1463 wurde über der Höhle eine kleine Kapelle errichtet, von der Elemente für den Bau der jetzigen Ermita, die im 17. Jahrhundert fertig gestellt wurde, verwendet wurden.

An der FV- 30, auf der Weiterfahrt zum Mirador de Morro Velosa, liegt der Aussichtspunkt **Mirador de Guise y Ayose**. Die beeindruckenden, 4,50m hohen Statuen präsentieren **Ayose**, den **König von Jandía** und **Guise**, den **König von Maxorata**. Fuerteventura wurde von den Ureinwohnern Erbania genannt. Bis zur Ankunft der europäischen Eroberer im Jahre 1402, die durch die Franzosen Jean de Bethencourt und Gadifer de la Salle angeführt wurden, war die Insel bei Istmo de La Pared, die Landenge bei La Pared, in zwei Königreiche aufgeteilt: Maxorata im Norden und Jandía im Süden. Die verfeindeten Könige ergaben sich kampfrei ihren Gegnern und ließen sich taufen. Die Taufen fanden am 18. und 28. Januar 1405 statt, mit denen sie die neuen Namen Luis und Alfonso erhielten.

28 Mirador de Morro Velosa

Der Aussichtspunkt **Morro de Velosa** befindet sich an der FV-30, über der ehemaligen Inselhauptstadt Betancuria, aus Antigua kommend, an der FV- 416, Richtung Betancuria.
Von fast jedem Standort in der Inselmitte erblickt man aus der Ferne ein kleines Haus, das auf dem 645 m hohen Vulkanberg Tegú steht.
Der Mirador wurde von dem lanzarotenischen Künstler César Manrique (1919-1992) im Stil eines kanarischen Herrenhauses entworfen und 1997 fertig gestellt.
Im Gebäude befindet sich eine Ausstellung zu Flora, Fauna und Geschichte der Insel, im Untergeschoss werden handgefertigte, inseltypische Souvenirs angeboten.
Das Highlight ist jedoch die fantastische Aussicht, die man durch die großen Fensterscheiben auf die Landschaft hat.

<u>Empfehlung:</u> Gönnen Sie sich einen frisch zubereiteten Kaffee und genießen sie die Aussicht, wahlweise auch im Außenbereich von der Terrasse.

29 La Ampuyenta

Das verschlafene Dorf liegt an der FV-20 zwischen **Casillas de Angel** und **Antigua**. An der Hauptdurchgangsstraße befindet sich ein großes Gebäude, das als **Krankenhaus,** das **Hospital San Conrado y San Gaspar** gebaut wurde, aber nie als solches genutzt wurde. Momentan beherbergt es die Touristeninformation.

Von hier aus starten kostenfreie geführte Touren mit Guides zu den sehenswerten Attraktionen des Dorfes.

Die Tour beginnt auf der Rückseite des Hospitals, und führt zu der dahinterliegenden **Ermita de San Pedro de Alcantara.**

Danach geht es über die Straße, an einem einfachen, ursprünglichen Haus vorbei, zum Geburtshaus von **Frailito Andres.**

Danach wird das Haus, das **Casa Museo Doctor Mena** angesteuert, das direkt an Durchgangsstraße liegt.

Die Führung endet im **Hospital** mit der Möglichkeit, sich die Räumlichkeiten anzusehen.

Führungszeiten: Dienstags bis Samstag um 10.30/ 12.30/ 14.30 und 16.00 Uhr. Fazit: Eine interessante und sehr informative Tour, die mit den engagierten Guides zu den Sehnwürdigkeiten des Ortes führt.

29.1 Leben des Doctor Mena

Hintergrundinformationen zum bewegten Leben des **Doctor Mena, der** den Ort **Ampuyenta** prägte: **Tomas Antonio de San Pedro Mena Mesa,** unter dem Namen Doktor Mena bekannt, wurde er am 20. Februar 1802 in Ampuyenta geboren und bereits einige Wochen später, am 12. März 1802, in der Kirche Santa Ana in Casillas del Angel getauft.

Die bescheidend lebende Familie verkaufte 10 Maßeinheiten Gerste um ihren Sohn auf eine Schule nach las Palmas zu schicken, da es im Bezirkskreis weder Schulen noch Lehrer gab.

Nach der Schulzeit besuchte er an die Universität in Sevilla.

1820, im Alter von 18 Jahren, lehnte er die Leitung des Lehrstuhls für Philosophie als Professor ab und reiste zu seinem Bruder, dem Priester Don Conrado, nach Havanna.

Laut Sage kam er in der Hafenstadt nur mit einem Hemd und einem Taschentuch an.

Um mit seinem Medizinstudium beginnen zu können, musste Doktor Mena den Beweis erbringen, dass er weder maurischer, jüdischer, ketscherischer, noch strafverfolgter Abstammung sei. Dieses konnte durch ein Ehepaar, das aus Fuerteventura stammte und seine Eltern kannte, bestätigt werden. Am 25. März 1825 machte Mena seinen Abschluss in Medizin und Chirurgie. Davon überzeugt, dass er noch viel zu lernen habe, reiste er nach Paris. Während seines 6-jährigen Aufenthalts besichtigte er Krankenhäuser, studierte Medizinbücher und eignete sich ein umfassendes Wissen an.

Danach kehrte er nach Havanna zurück, eröffnete eine Praxis, betreute Gelbsucht- und Cholerapatienten und machte sich einen Namen als Mediziner und Chirurg. Am 01. Juli 1846 bekam er den Vorstand der Fakultät für Medizin und Chirurgie in Cadiz.

Im Alter von 45 Jahren ließ er alles zurück und kehrte mit seinem farbigen Angestellten nach Fuerteventura zurück, um den Rest seines Lebens mit seiner verwitweten Mutter zu verbringen, die noch im Dorf lebte. Er beschloss den Rest seines Lebens, fernab der Großstädte, beschaulich zu leben, konnte sich jedoch nie von seinem Beruf des Arztes lossagen. Die mittellose Bevölkerung behandelte er kostenfrei in seinen Behandlungszimmern.

Nach dem Tod seiner Mutter ging er nach Teneriffa, wo er am 10.Juni 1868 im Alter von 66 Jahren starb. Das Haus in dem er die letzten Jahre seines Lebens verbrachte, wurde zum Museum **Casa Mueo Dr. Mena** umgewandelt, um das Gedenken an ihn zu bewahren.

In seinem Testament von 1864 hinterließ er 25.000 Pesenten für den Bau eines Krankenhauses. 1901 begannen die Bauarbeiten, des **Hospital San Conrado y San Gaspar**, die trotz ausreichender Gelder aus dem Erbe, 1929 eingestellt wurden.

Die Inselregierung stellte das Gebäude fertig, das jedoch nie die Funktion eines Krankenhauses einnahm und heute die Touristeninformation beherbergt.

30 Antigua

Der Bereich um **Antigua** war eine der ältesten landwirtschaftlich genutzten Regionen der Insel, wurde aber erst um 1560 besiedelt, da die Feudalherren, die ihren Sitz in **Betancuria** hatten und die Bauern unter Kontrolle hielten.

In den Jahren 1812, 1834 und 1835 wurde Antigua aufgrund seiner wirtschaftlichen Bedeutung zur Hauptstadt der Insel ernannt, verlor jedoch gänzlich an Bedeutung, als 1860 das damalige **Puerto de Cabras**, das jetzige **Puerto del Rosario**, zum Regierungssitz ernannt wurde.

Am Ortseingang, aus Tiscamanita kommend, zeugt ein stattliches, pastellfarbenes Herrenhaus im Kolonialstil, von Antiguas ehemaliger Bedeutung und einstigem Reichtum. Zu den Sehenswürdigkeiten der Stadt gehört die Kirche **Nuestra Señora de la Antigua**, die 1784 eingeweiht wurde.

Zu der größten Attraktion Antiguas zählt die Windmühle, die **Molino de Antigua** mit angeschlossenem Käsereimuseum, dem **Museo de Queso Majorero**.
Hinter der restaurierten Windmühle, die aus dem 17. Jahrhundert stammt, befindet sich das Käsereimuseum. Der Eingang befindet sich an der linken Seite des Gebäudes. Vom Innenhof aus, gelangt man links in den Ausstellungsraum 1, mit Informationen zur Insel, sowie Flora und Fauna. Ausstellungsraum 3, der sich frontal im Innenhof befindet, präsentiert die Geschichte des Käses aus Fuerteventura, seine typischen Merkmale und seine wirtschaftliche Bedeutung für die Insel. Ausstellungsraum 2 liegt links vom Innenhof und thematisiert die Ziegen der Insel sowie die Käseherstellung.

Von der Dachterrasse im Obergeschoss des Gebäudekomplexes genießt man eine fantastische Aussicht auf die Landschaft.

Im Innenhof, auf der rechten Seite, befindet sich ein Souvenirshop, der echte Handwerkarbeiten und Käse anbietet.

Versäumen Sie nicht einen Abstecher in den **Kakteengarten** der Anlage zu machen, der sich etwas versteckt, links hinter dem Bezahlhäuschen, befindet.Öffnungszeiten: Dienstag-Freitag: 9.30- 17.30 Uhr, Eintrittspreis: 2,00 €.

31 Valles de Ortega

4 km südlich von Antigua, an der FV- 20, befindet sich der kleine Ort **Valles de Ortega**, der sich mit der Nachbargemeinde **Casillas de Morales** die **Ermita de San Roque** teilt. Die Kirche wurde 1732 nach einer langen Pestepedemie von Bauern gestiftet. Schöne Fotomotive bieten die Ruinen in **Casillas de Morales**, die sich auf dem Feld direkt neben der Straße zu sehen sind.

32 Tiscamanita

Eine alte Windmühle, die der markanteste Punkt im Ort ist, veranlasste die Inselregierung ein **Centro de Interpretacion de Molinos**- ein **Interpretationszentrum der Windmühlen**, zu errichten.
Am Eingang erhält man eine deutsche Broschüre mit Erklärungen zu Mahlwerkzeugen wie Mörser, Handmühlen, Mühlsteine, zum Mahlvorgang, der Herstellung von Gofio und zu den unterschiedlichen Windmühlen- Typen. Das restaurierte Haus des Müllers, sowie die Windmühle können begangen werden. Öffnungszeiten: Dienstag- Samstag: 10.00- 17.30 Uhr, Eintritt: 2,00 €.

Folgt man dem Straßenschild „Centro de Interpretacion Los Molinos" in der Calle Los Molinos, biegt man bei der nächsten Möglichkeit links ein und trifft man am Dorfende auf die **Ermita de San Marco**, die hinter einer hohen weißgekalkten Mauer liegt. Laut Inschrift über dem Portal stammt sie aus dem Jahre 1699, ist aber dauerhaft geschlossen.

32.1 Windmühlen- Molina oder Molino?

Windmühle auf Spanisch übersetzt heißt Molino, aber Windmühle ist nicht gleich Windmühle.
Zu Beginn der Mühlengeschichte gab es die einstöckige, rechteckige Tahona, eine Zugmühle, deren Mühlensteine von Menschen, Eseln oder Kamelen in Bewegung gesetzt wurde.
Im 17. und 18. Jahrhundert wurde aus Spanien, eine zweistöckige Windmühle, eine **Molino**, eingeführt. Sie ist rund, hat einen kegelförmigen Bau und ein Spitzdach aus Holz oder Blech. Der Mechanismus, der über 4- 6 Flügel angetrieben wird, befindet sich im oberen Teil auf einem drehbaren Doppelring aus Holz. Über eine Achse wird das Dach mit den Flügeln in die Windrichtung gedreht.
Da sich im oberen Teil der Molino die Mühlsteine befinden, wurden die Getreidesäcke über eine Außentreppe bis ganz nach oben getragen. Das Mahlgut, fiel dann über Holzschächte nach unten und wurde in Säcke abgefüllt.
Im 19. Jahrhundert wurde durch die Einführung der **Molina** der Arbeitsablauf vereinfacht. Der Mahlmechanismus befand sich nun nur noch in einem einstöckigen Gebäude, auf dessen Flachdach sich ein Windrad drehte. Die Windkraft wurde an eine Verbindungsstange übertragen, die im Mühlraum die Mühlsteine in Bewegung setzten.

32.2 Die Windmühlenroute

Auf Fuerteventura existieren noch **23 Molinos** und **15 Molinas**, die von Nord nach Süd entdeckt werden können: Corralejo, El Roque, Villaverde, Tefía, Llanos de la Concepcíon, Antigua, Valles de Ortega, Tiscamanita und Puerto de Lajas.
Erkunden Sie die geschichtsträchtigen Mühlen, die größtenteils restauriert wurden und jene, die abseits auch gelegen dem Verfall unterliegen. Im Ort Pajara befindet sich vor der Kirche ein altes Wasserschöpfrad, so gesehen eine Tahona, die, wenn Touristen anwesend sind, mit einem Esel angetrieben wird.

33 Las Playitas

Neben dem kleinen, malerischen **Fischerort Las Playitas** hat sich eine riesige Ferienanlage **Playitas Grand Resort** mit Golf- und Tennisplätzen, sowie Tauch-, Surf- und Segelschule angesiedelt. Am Hotelkomplex führt ein Weg direkt zum dunklen Sandstrand **Las Playitas**.
Sehenswert: Im Ort führt die FV-511 zum ausgeschilderten **Leuchtturm**, **Faro Punta de Entallada**, den man nach 6 km erreicht. Nach kurzer Fahrstrecke entdeckt man die Turmanlage, die auf einem 185 m hohen Vulkanberg steht, bereits von weitem.
Der Leuchtturm wurde am 03. Dezember 1954 erstmals eingeschaltet, und war einer der letzten großen Leuchttürme, die auf den Kanaren gebaut wurden.
Vor dem Leuchtturm führt ein Weg zum Aussichtspunkt, von dem man einen wunderbaren Blick über das Meer genießt. Der Rückweg bietet erneut schöne Aussichten auf die Landschaft.

34 Gran Tarajal

Eine lange Palmenallee führt nach **Gran Tarajal** direkt ins Zentrum des Ortes, in dem überwiegend Einheimische leben.
Im Ortseingang befindet sich die **Kirche San Diego de Alcalá** aus dem Jahr 1900, die außerhalb der Messezeiten, geschlossen ist. Direkt gegenüber, unter schattenspendenden Bäumen, liegt ein Seepferdchen- Springbrunnen.
Vor dem tiefen, langen, braunen Sandstrand **Playa de Gran Tarajal**, der auch für Kinder zum Baden geeignet ist, verläuft die Uferpromenade mit vielen Cafes und Restaurants.

Am Ende des Ortes befindet sich der Jachthafen, dessen vorderer Teil ein Walskelett schmückt.

35 Tarajalejo

Das ursprünglich kleine Fischerdorf **Tarajalejo** wurde mit vielen Appartements, einem Hotelkomplex und einer langen Promenade, die parallel zum schwarzen Strand, der **Playa de La Tarajalejo** verläuft, erweitert.

Eine breite Holzbrücke führt über einen Barranco, der bei starken Niederschlägen das Regenwasser ins Meer leitet und das Dorf in 2 Teile trennt.

Mareseum: Um der Uferpromenade einen neuen Glanz zu verleihen, wurden im November 2017 fünf beeindruckende Skulpturen aufgestellt, die „ das Meer und alles was es ausmacht und vermittelt" aufgestellt. Das Ensemble des Freilichtmuseums wird auf Schautafeln erklärt.

36 La Lajita

Vorbei an dunkelbraunen Vulkanbergen und kleinen Buchten mit schwarzen Lavasteinsträngen führt die FV-2 nach **La Lajita**, einem kleinen, mit Neubauten durchzogenem Nest.

Die **Ermita de la Inmaculada**, die nur zu Messezeiten geöffnet ist, befindet sich am dunklen Steinstrand **Playa de La Lajita**.

Das eigentliche Highlight des Ortes ist der **Oasis Park**.

Er ist nach dem Loro Park auf Teneriffa, der zweitgrößte Tierpark auf den kanarischen Inseln.

Auf einer Fläche von 800.000 qm können mehr als 3.000 Tiere aus 230 Arten, sowie der größte Kakteengarten Europas besichtigt werden.

In den schön gestalteten Anlage trifft man u.a. auf unterschiedlichste Affenarten, Flamingos, Erdmännchen, Krokodile, Otter, Luchse, Giraffen, Flusspferde, Geparden, Nasenbären, Hirsche, Kamele, Elefanten, Lamas, Zebras, Gazellen, Emus und Pelikane. Zudem finden mehrmals täglich 4 Live- Shows statt: Papageien-Show, Seelöwen-Show, Reptilen- Show und die Greifvögel-Show.

<u>Wichtig zu Wissen:</u> Die Anreise kann individuell mit dem Leihwagen, oder kostenfrei mit den organisierten Bussen des Oasis Parks aus allen Urlaubsorten der Insel, erfolgen. Die genauen Transferzeiten erfährt man an der Rezeption des Hotels.

Für den Oasis Park sollte man, aufgrund der Größe der Anlage, einen ganzen Tag einplanen, um alle Attraktionen wahrnehmen zu können. Möchte man auch alle Live- Shows, die jeweils ca. 45 min. dauern sehen, sollte man den Besuch der Anlage um die Shows herum aufbauen. Da die Wege sehr lang sind, schafft man es meistens nicht, alle Shows zu sehen.

- Papageien- Show: 9.45/ 10.45/ 11.45/ 12.45
- Seelöwen- Show: 11.15/ 15.45
- Reptilien- Show: 12.00/ 14.00
- Greifvögel- Show: 13.15/ 15.00

Für die kostenpflichtigen Attraktionen muss man bereits an der Eintrittskasse die Tickets kaufen, um teilnehmen zu können:
Camelsafari, auf dem Rücken einer Kamelkarawane, Sea Lion Experience, schwimmen mit Seelöwen, oder das Lemur Experience, hautnah Affen zu erleben.
Übrigens: Die Anlage ist sehr kinderfreundlich. Es stehen mehrere Spielplätze zur Verfügung, sodass sich die Kleinen austoben können.
Kostenpflichtige Bollerwagen stehen zur Verfügung, um den Kindern die langen Strecken zu erleichtern. An den Hauptattraktionen kann man ebenfalls kostenpflichtig Futtertüten für die Tiere erwerben.
Kostenpflichtige elektrische Scooter mit 1 bzw. 2 Sitzen, sowie Bollerwagen und Kinderfahrräder werden angeboten.

Bauern- und Handwerkermarkt: Jeden Sonntag findet der sehenswerte Markt, auf dem ausschließlich handgemachte Produkte und lokale Lebensmittel angeboten werden, von 9.00- 13.00 Uhr statt.

37 La Pared

Von **Costa Calma** aus, Richtung **La Pared**, befindet sich die schmalste Stelle der Insel, die sich **Istmo de la Pared**, übersetzt die Landenge der Mauer, nennt.
Der Legende zufolge, trennte eine Mauer, den größeren Teil Fuerteventuras, der sich **Maxorata** nannte, von der Halbinsel **Jandía**. Dieser Steinwall soll die zwei bestehenden Königreiche getrennt haben, was archäologisch aber nie bewiesen werden konnte.
Beeindruckend ist, wie sich auf der FV-605 die Landschaft von **Costa Calma** aus Richtung La Pared verändert.

Kurz vor La Pared geht die karg bewachsene, sandige Wüstenlandschaft in hellbraunes Gestein über.

Im Ort befinden sich, Richtung des ausgeschilderten Restaurant Bahia Pared, nebeneinander zwei Strände, die **Playas de La Pared**, an denen starke Unterströmungen herrschen.
Um den dritten Strand, den **Playa del Viejo Rey** zu erreichen, der in erster Linie von Wellenreitern frequentiert wird, fährt man gerade aus durch den Ort. Von der Anhöhe hat man eine wunderschöne Aussicht auf den Küstenabschnitt.
Auf der anderen Seite blickt man auf das **Felsentor**.
Besuchenswert ist die **Queseria La Pastora**, die sich gegenüber dem Ortseingang befindet.
Angeboten werden Käse aus Schafsmilch und- oder Ziegenmilch, es besteht die Möglichkeit alle Sorten zu probieren.

38 Mirador Astronomico de Sicasumbre

Der **Aussichtspunkt Mirador Astronomico de Sicasumbre** befindet sich an der FV-605 auf der Strecke zwischen **La Pared** und **Pájara**. Ursprünglich geplant um den Nachthimmel zu beobachten, bietet der Mirador auch tagsüber wunderschöne Aussichten. Das Auto kann auf den Seitenstreifen abgestellt werden. Der Aufstieg dauert ca. 20 Minuten.

39 Costa Calma

Der beliebte Ferienort **Costa Calma** entstand 1977 mit dem Bau des ersten Hotels, dem Solyventura und zählt inzwischen zu den größten Urlaubsdomizilen im Süden der Insel.
Noch bis 2014 lenkte die FV- 2 den gesamten Verkehr durch das mit Palmen und Pinien angelegte Wäldchen des Ortes.
Inzwischen schlägt die neue Autobahn einen großen Bogen mitten durch die Dünen des Naturschutzgebietes um den Ort, sodass auf der ehemaligen Durchgangsstraße eine friedliche Stille eingekehrt ist. Der lebhafte Ort bietet auch neben den Einkaufszentren, den Centros Comerciales, zahlreiche Einkaufs- und Unterhaltungsmöglichkeiten.
Der lebhafte Ort bietet auch neben den **Einkaufszentren**, den Centros Comerciales, zahlreiche Einkaufs- und Unterhaltungsmöglichkeiten.

Der relativ schmale Badestrand, die **Playa Costa Calma**, an dem auch Liegen und Sonnenschirme gegen Gebühr gemietet werden können, ist teils mit dicken Kieseln im Saum untersetzt.

Ein **Afrika- Markt** findet jeden Mittwoch und Sonntag von 9.00- 14.00 Uhr in der Nähe des unteren Kreisverkehrs des Ortes, Richtung Autobahn, statt.

40 Playas de Sotavento

Direkt im Anschluss an die **Costa Calma** beginnen die schönsten und längsten Sandstrände Fuerteventuras, die **Playas de Sotavento**, die sich bis in den Süden nach **Morro Jable** ziehen.
Der 16 km lange Küsten- und Strandabschnitt, der Playa de Sotavento, beginnt am Hotel Melía Gorriones mit der **Playa Barca**. In diesem Bereich befindet sich das René Egli Wind- und Kitesurf Eldorado. Insbesondere in der flachen, jedoch gezeitenabhängigen Lagune, kommen sowohl Anfänger als auch Profis, auf ihre Kosten. Trotz eines Abschnittes mit Liegen und Sonnenschirmen vor dem Center, eignet sich dieser nicht, um baden zu gehen.
Unmittelbar nach der **Playa Barca** folgt der Strandabschnitt **Risco de Paso**, der auch mit dem Pkw angefahren werden kann.

41 Playas de Jandía

Nach dem **Risco de Paso** gelangt man auf der Autobahn FV-2, die nach **Morro Jable** führt, zu der Ausfahrt 77 **Mal Nombre**. Der Ausschilderung folgend, stößt man im unteren Kreisverkehr auf ein verlassenes Hotel, hinter dem eine Piste zum Strand führt.
Zu den Stränden der **Playa de Butihondo** und der **Playa de Esquinzo** kann man von hier bei Ebbe am Strand laufen, ansonsten folgt man der FV- 602, oder nimmt von der Autobahn die Abfahrt 79.
Zum ausgeschilderten **Playa Butihondo**, folgt nach dem Fuerteventura Princess Hotel und vor dem Magic Life, ein Parkplatz auf der linken Seite, von dem eine Piste nach unten zum Strand führt.
Von hier aus gelangt man bei Ebbe bis zu den Hauptstränden in **Jandía**, die mit dem ersten Strandabschnitt **El Saladar**, der sich vor dem Iberostar- Komplex befindet, zu Fuß.

Alternativ führt das Ende der Autobahn FV-2, Richtung **Morro Jable**, direkt zu diesem Strand.

Das über 100 Hektar große Naturschutzgebiet zählt zu den besonderen Ökosystemen auf Fuerteventura, in denen sich Salzwiesen und Pflanzen gebildet haben, die trotz Ebbe und Flut des Atlantiks, im Salzwasser wachsen. Der direkte Zugang zum Strand erfolgt über angelegte Wege.

Strandläufer erreichen in südlicher Richtung den Leuchtturm, ansonsten begibt man sich erneut in den Mietwagen, und steuert das Zentrum vom Jandía- Stadt an.

Richtung **Morro Jable**, vor dem RIU Palace- Hotel- Jandía befindet sich, der für Badefreunde, die **Playa de Matrorral**, der wahrscheinlich schönste Abschnitt des Strandes. Auch wenn am gesamten **Playa de Jandía** bereits die gelbe oder rote Badeverbot- Fahne signalisiert wird, kann man hier, ohne Bedenken im Atlantik baden gehen. Glasklares Wasser, Kinder können problemlos Strand spielen und beaufsichtigt ins Meer springen. Einfach eine traumhafte Strandlage.

42 Risco del Paso

Im Anschluss an die **Costa Calma** folgen die riesigen, schneeweißen Dünen an der **Playa de Sotavento**, die nach dem 253 m hohen Bergzug El Paso, auch **Risco del Paso**, benannt wurden.

Die schönen Sandstrände gehen dann fast ineinander über; die **Playa de Butihondo** und die **Playa de Esquinzo**.

Wichtig für Strandläufer: Bitte beachten Sie die Gezeiten, da insbesondere die **Playa de Sotavento** bei Flut, nicht mehr passierbar ist.

43 Jandía

Jandía ist der größte Ferienort im **Süden** der Insel. Aufgrund der fast unendlichen, traumhaft schneeweißen Sandstrände entstanden die ersten Hotelanlagen bereits in den 1960- Jahren. Noch in den 1970- Jahren benötigte der Transferbus vom Flughafen bis zum beliebten deutschen Feriendomizil nahezu 4 Stunden. Durch bessere Straßen und Autobahnteilabschnitten wurde die Transferzeit inzwischen auf 1,5 Stunden reduziert.

Vom **Naturschutzgebiet El Saladar**, mit den einzigartigen Pflanzen, die trotz Ebbe und Flut im Salzwasser des Atlantiks wachsen können, führt der atemberaubend schneeweiße

Strand, über den **Leuchtturm Faro de Morro Jable**, direkt zur **Playa del Matorral**.

Das Zentrum der Retortenstadt bietet, neben einer langen Strandpromenade mit modernen Skulpturen, die parallel zum Meer verläuft, eine lange Meile mit Bars und Einkaufsmöglichkeiten, um passende Souvenirs für zuhause zu finden.

Der wöchentliche **Afrika- Markt** findet montags und donnerstags, neben der Hauptstraße, vor Ende des Ortes, Richtung **Morro Jable**, statt.

44 Morro Jable

Von der **Playa de Matorral** führt die Uferpromenade in das einstige, winzige Fischerdorf **Morro Jable**, in dem sich inzwischen eine handvoll von Lokalen direkt aneinander reihen.

Das Ende des Ortes markiert ein hoher Felsvorsprung, auf dem Häuser und Appartements, in denen in erster Linie Einheimische, die in den Hotels arbeiten, wohnen. Danach folgt der **Puerto de Morro Jable**, der große **Hafen** von Morro Jable, von dem aus die Fähren nach Gran Canaria und Teneriffa übersetzen. Im Hafen von Morro Jable befindet sich eine **Aufzuchtstation** für **Meeresschildkröten**, um diese wieder an den Küsten der Insel zu beheimaten.

Die kanarischen Inseln gehören zur Wanderroute der Schildkrötengattungen Caretta caretta, der unechten Karettschildkröte, der Lederschildkröte, der grünen Schildkröte und der echten Karettschildkröte.

In den Sommermonaten begeben sich die unechten **Karettschildkröten** zur Nahrungsaufnahme an die Küsten Fuerteventuras, insbesondere an die ruhigen **Playas de Sotavento**.Aufgrund des angestiegenen Tourismus finden die Schildkröten jedoch nicht mehr die nötige Ruhe, um die Eier abzulegen, sodass die Population enorm geschrumpft ist.

Für das Projekt werden Schildkröteneier von den kapverdischen Inseln nach Las Palmas auf Gran Canaria in das meereswissenschaftliche Institut ICCM zum vorbrüten gebracht und anschließend zum Schlüpfen am Strand von **Cofete** vergraben. Nach erfolgreichem Schlüpfen werden die Babies eingesammelt, in der Zuchtstation großgezogen und schließlich wieder in Cofete ins Meer entlassen.

Da Schildkröten erst nach 15 Jahren Geschlechtsreife erlangen und zu zum Ort, an dem sie geboren wurden zur Eiablage zurückkehren, erhofft man sich, in absehbarer Zeit

die unechte Karettschildkröte wieder dauerhaft an den Küsten der Insel anzusiedeln.
Öffnungszeiten: Mo- Fr 10.00- 13.00 Uhr, Eintritt frei.

45 Cofete

Kurz vor dem Hafen von **Morro Jable** führt von der FV-2 eine ausgeschilderte Straße nach **Cofete** und dem **Punta de Jandía** mit dem **Leuchtturm Faro de Jandía**.
Nach 1,6 km trifft man auf der rechten Straßenseite auf den **Friedhof**, dem **Cementerio**, der mit etwas Glück geöffnet ist.
Nach dem Friedhof endet die Asphaltierung der Straße abrupt, sodass ein ruppiges, durchgeschütteltes Abenteuer beginnen kann.
Die lange Piste führt direkt zur Südspitze Fuerteventuras zum **Faro de Jandía**, die **Abzweigung nach Cofete**, ist mit einem großen Schild ausgewiesen.
Am **Pass**, dem **Punto de Vista sobre Puerto de Montaña**, angekommen, an dem man fast weggeweht wird, genießt man eine fantastische Aussicht auf **Cofete** und die **Barlovento**- Küste, mit der **Playa de Barlovento**.
Die Serpentinen führen bis zum Strand. Am Wegesrand wachsen im unteren Bereich aufgrund einer anderen Klimazone Kakteen.
Bereits aus der Ferne entdeckt man eine kleine Siedlung, in der sich ein kleines Restaurant befindet.
Die Piste führt automatisch, sofern man nicht zum Restaurant fährt, zum Strand. Man erblickt auf der rechten Seite ein Gebäude, die **Villa Winter**, die ausgeschildert ist.
Am Strand liegt der kleine verwaiste **Friedhof Cofetes**.
Der endlose Strand, die **Playa de Barlovento**, lädt zu langen Strandspaziergängen ein. Aufgrund von Unterströmungen sollte man nicht im Meer baden gehen.
Auf dem Rückweg sollte man der inzwischen geöffneten **Villa Winter** einen Besuch abstatten.
Der Eingang befindet sich auf der Rückseite des Anwesens.
Der Eintritt ist frei, Spenden für den Erhalt des Anwesens werden gerne entgegengenommen.
In den Ausstellungsräumen erhält man durch einen Aushangs des Besitzers folgende Informationen: „Lieber Besucher, es freut mich, dass Sie den Weg zu der Villa Winter auf sich genommen haben. Sicherlich haben Sie schon viele Geschichten über dieses Haus gehört.

Dieses Gebäude wurde vor langer Zeit mit seinen Bewohnern und seiner Geschichte sich selbst und dem Verfall überlassen. Ich bin Pedro Fumero und habe vor 3 Jahren meinen Beruf, meine Familie und meine Arbeit zurück gelassen, als ich meinen Onkel und meine Tante hier in der Villa gefunden habe. Zwei alte, geistig behinderte Menschen, die sich selbst überlassen wurden. Es brach mir das Herz und ich kam zurück zu diesem Haus, in dem ich als Kind viel Zeit verbracht hatte. Seit diesem Tag hörte ich nicht auf das Haus in Stand zu halten und die Geschichte des sagenumwobenen Hauses der Familie Winter aufzudecken. Für eine Unterstützung zur Erhaltung des Hauses bin ich sehr dankbar. Pedro Fumero."

Die einsam gelegene **Villa Winter** mit ihrem hohen Rundturm ist sehr verfallen und präsentierte das Highlight der Südspitze Fuerteventuras. Jedoch ist das Gemäuer mit sagenumwobenen Gerüchten behaftet: Hitler soll Gustav Winter, dem Besitzer der Villa, beauftragt haben, im Süden der Insel einen U- Boot Stützpunkt zur Kontrolle der Schiffswege über das Mittelmeer nach Amerika zu errichten. Göring soll ihn beauftragt haben Fabriken zu bauen… Gerüchte oder Wahrheit?- Biografie und Geschichte treffen aufeinander:

Gustav Winter wurde im Jahre 1893 in Neustadt im Schwarzwald geboren. Während des ersten Weltkrieges hielt er sich im Ausland auf und besuchte unter anderem Argentinien und England.

- 1915 kam Gustav Winter über England nach Spanien.
- 1921 beendigt er sein in Deutschland begonnenes technisches Studium in Madrid und begann an diversen Projekten zu arbeiten.
- 1924, im Alter von 28 Jahren, errichtete Ingenieur Winter das Elektrizitätswerk Cicer auf Las Palmas in Gran Canaria, welches am 21.10.1928 eröffnet wurde.
- 1933, im Jahr des Regierungsantrittes von Hitler, begab Winter sich auf die Halbinsel Jandía.
- 1937 plante Winter eine Zementfabrik und eine Fischfabrik in Jandía errichten zu lassen, die jedoch nie gebaut wurden.
- Im Juli 1937 unterschrieb Winter mit dem Erben des Conde de Santa Coloma aus Lanzarote einen Pachtvertrag für die gesamte Halbinsel Jandía. Im

selben Jahr reiste er nach Berlin, um für ein Vorhaben den nötigen finanziellen Zuschuss zu erhalten, woraufhin er im Sommer 1938 mit einer kleinen Expedition von Fachleuten an Bord eines Schiffes nach Fuerteventura zurück kam, um die Gegend zu erkunden, Fotos zu machen und Landkarten zu erstellen.

- Gustav Winter war in dieser Zeit bereits als Agent der Deutschen Abwehr in Spanien tätig. In einer Besprechung zwischen Winter und der Abwehr III-Canarias wurde vereinbart, dass Winter in Jandia für das deutsche Reich wirtschaftlich wichtige Vorhaben durchführen, und dafür deutsche Hilfskräfte erhalten sollte.
- Von 1939 bis 1944 leitete er eine Werft der deutschen Kriegsmarine bei Bordeaux in Frankreich.
- Ab 1939 wurde die gesamte Halbinsel Jandía gesperrt, die wenigen Einheimischen wurden umgesiedelt.
- Bei einem Treffen im Oktober 1940 zwischen Hitler und General Franco, teilte Hitler mit, dass er einen Stützpunkt auf einen der kanarischen Inseln errichten möchte, was General Franco wegen Spaniens souveräner Haltung zunächst ablehnte.
- Nachweislich existierten dann aber zwischen März und Juli 1941, 6 deutsche U- Bootstationen im Hafen von Las Palmas auf Gran Canaria.
- Im April 1941 kaufte die Gesellschaft „Dehesa de Jandia S.A.", dessen Verwalter Gustav Winter war, die Halbinsel Jandía.
- Er lernte seine Ehefrau 1945 in Madrid kennen, ein Jahr später begann der Bau der Villa Winter und der Ausbau der Straße nach Cofete, der durch politische Häftlinge durchgeführt wurde.
- Erst im Jahr 1947 ließen die Alliierten das Ehepaar wieder auf die Kanarischen Inseln zurückkehren. Gustav Winter legte eine Tomatenplantage an, ließ Brunnen errichten und versuchte, die Berge von Jandia aufzuforsten.
- Laut Aussagen Einheimischer gab es 1950 tagelange Sprengungen auf der Halbinsel.
- 1962 übertrug die „Dehesa de Jandia S.A." ca 2.300 ha Land zwischen Morro Jable und Cofete an Gustav Winter, als Entschädigung für die Erschließung der

Halbinsel. Als 1966 mit dem Bau der ersten Hotels in Jandía der Tourismus begann, hatte die Familie Winter ausgesorgt, da sie für das Brachland umgerechnet € 78,00 für den Quadratmeter bekamen.

- 1971 starb Winter im Alter von 78 Jahren in Las Palmas auf Gran Canaria.

Öffentliche Verkehrsmittel- Morro Jable- Cofete- Punta de Jandía:

Die **Linie 111** fährt täglich um 10.00 und 14.00 Uhr vom zentralen Busbahnhof, der **Estacíon de Guaguas** in **Morro Jable**, **Cofete** und **Punta de Jandía** mit dem Leuchtturm an.

Bei dem Bus handelt es sich um einen Mercedes-Geländewagen, der die holprigen Strecken relativ bequem innerhalb kürzester Zeit zurücklegt.

Bereits nach 40 Minuten erreicht man die **Playa de Barlovento** in **Cofete**.

Bei Ausstieg erfolgt die Rückfahrt um 12.45 oder um 16.45 Uhr. Bei Weiterfahrt ist der Bus schon nach weiteren 30 Minuten am **Punta de Jandía** angekommen.

Nach einer 45- minütigen Pause erfolgt die Weiterfahrt um 12.00 bzw. 16.00 Uhr.

Vom Leuchtturm geht es erneut nach **Cofete**, mit einer 15-minütigen Pause. Die Weiterfahrt nach **Morro Jable** erfolgt um 12.45 bzw. um 16.45 Uhr.

Fazit: Der öffentliche Bus ist neben dem Leihwagen die einzige Alternative, um die Südspitze Fuerteventuras zu erreichen.

Bei Fahrtantritt ist es jedoch nicht ersichtlich, dass lediglich die einfache Fahrt 8,70 € kostet.

Bei Ankunft in Cofete weist der Fahrer auf die Abholzeiten des Busses hin, erwähnt jedoch nicht, dass die Fahrt umgehend zum Leuchtturm weitergeht.

Bleibt man im Bus sitzen, endet die Weiterfahrt definitiv mit dem Ausstieg am Leuchtturm und einer 45- minütigen Pause.

Danach wird erneut der Fahrpreis in Höhe von 8,70 € fällig, um die Rückfahrt nach Morro Jable, die wiederum über Cofete mit einem 15- minütigen Stop verläuft, anzutreten.

Insgesamt ist man 3,5 Stunden unterwegs. Bitte beachten Sie, dass die Ausstellungsräume des Leuchtturmes sonntags und montags geschlossen sind und bei den unmittelbaren

Ausstiegmöglichkeiten des Busses keine Toiletten vorhanden sind.

46 Puerto de la Cruz

Von **Morro Jable** führt eine 20 km lange Ruckelpiste zum **Punta de Jandía**, mit dem **Leuchtturm Faro de Jandía**. Lediglich das letzte kurze Stück wurde asphaltiert.

Am großen Windrad befindet sich der kleine Ort **Puerto de La Cruz**, der aus einigen Fischerhäusern, 2 Lokalen und einer festen Wohnwagensiedlung besteht.
Die Straße führt weiter zum Punta de Jandía mit seinem automatisch betriebenen Leuchtturm. In dem ehemaligen Haus des Leuchtturmwärters findet eine permanente Ausstellung zur Flora und Fauna der Insel statt.
Bitte beachten Sie, dass <u>keine sanitären Anlagen</u> mehr vorhanden sind.

47 Museumsnetz auf Fuerteventura

Zum **Red de Museos de Fuerteventura**, dem **Museumsnetz Fuerteventuras** zählen folgende Einrichtungen- von Nord nach Süd:

- **Museo de la Pesca Tradicional, in El Cotillo**
- **Cueva del Llano, in Villaverde,** zurzeit geschlossen
- **Museo del Grano La Cilla, in La Oliva**
- **Casa Alta de Tindaya, in Tindaya**
- **Ecomuseo La Alcogida, in Tefía**
- **Casas de Felipito, in Altos de Guisguey**
- **Casa Museo Unamuno, in Puerto del Rosario**
- **La Ampuyenta, in Ampuyenta**
- **Mirador de Morro Velosa, in Morro Velosa**
- **Museo Arqueológico de Betancuria**, in **Betancuria**, seit Juni 2017 in Renovierung
- **Museo del Queso Majorero, in Antigua**
- **Museo de la Sal, in Las Salinas**
- **Los Molinos, in Tiscamanita**
- **Poblado de La Antalayita, in Pozo Negro**
- **Faro de la Entallada, in Las Playitas**
- **Faro Punta de Jandía, in Puerto de la Cruz**

Tipp: Um sicher zu stellen, dass die Museen bei Ihrem Besuch geöffnet sind, empfiehlt es sich, jemanden von der

Hotelrezeption auf spanisch in der Zentrale von Mo.- Fr. zwischen 08.00 und 15.00 Uhr unter der Nummer: 928 85 89 98 anrufen zu lassen, um die Öffnungszeiten bestätigen zu lassen.

48 Die Geschichte des Ziegenkäses

Der Käse als Nahrungsmittel: Aufgrund fehlender Geschichtsaufzeichnungen, lässt es sich nicht mehr bestimmen, ab wann die Herstellung und der Verzehr von Ziegenkäse auf Fuerteventura begannen.
Der Majorero- Käse ist von der Geschichte der Insel und seinen Bewohnern, den Majos, nicht zu trennen. Erst durch die Herstellung von Käse wurde es möglich, überschüssig Milch zu verarbeiten, aufzubewahren und zu lagern.
Da Fuerteventura über 1000 Jahre von nordafrikanischen Berbern besetzt war, nutzten die ersten Siedler, deren Hauptaktivität die Viehzucht war, das Wissen und die Erfahrung der Berber zur Käseherstellung.
Der Handel und die traditionelle Herstellung: Als die Europäer im 15. Jahrhundert Handelswege in die neue Welt über den Atlantik suchten, spielten die kanarischen Inseln aufgrund ihrer günstigen geografischen Lage eine tragende Rolle.
Europäische Händler kamen auf den Inseln zusammen, um regionalen, Einzel- und Außenhandel zu führen.
Im Gegensatz zu den anderen kanarischen Inseln hatte Fuerteventura als Isla de Señorio, als Insel der Herrschaft, das Recht, Abgaben in Höhe von einem Fünftel zu erheben und Beschränkungen aufzuerlegen.
Auf der Insel fand ein lokaler, regionaler und interinsularer Handel, bzw. Seehandel statt.
Der lokale Handel war am stärksten vertreten und wurde über Händler mit Geschäften, Händler die über die Insel reisten und Käseverkäuferinnen abgewickelt.
Hierzu stammen ausführliche Aufzeichnung von Dr. Rene Vernau aus den Jahren 1884- 1888, der das Vieh, die Landarbeiten, die Hirten und die traditionelle Käseherstellung beschrieb: „... Die Herstellung ist sehr einfach. Nach dem Melken wird der Milch sofort Lab beigesetzt, damit sie gerinnt und sie wird in einfache runde Formen aus Holzspänen/ Palmholz gefüllt, die auf ein Brett gestellt werden. Mit den Händen wird Druck auf die geronnene Milch ausgeübt, bis die Molke entwichen ist und der Käse eine festere Konsistenz hat. Jetzt muss der Käse mit Salz abgerieben werden und

trocknen. Wenn er getrocknet ist, ist er so hart, dass man ihn nur mit einem Stein oder einem Hammer teilen kann. Häufig wird der Käse noch zusätzlich außen mit Lehm abgerieben, was ihm ein wenig appetitliches Aussehen verleiht. Diese Prozedur dient dazu, dass der Käse nicht hart wird."

Die Käseherstellung: Die Tradition des handgemachten Ziegenkäses, dem Majorero- Käse, ist mit Fuerteventura fest verwurzelt. Fast jeder der Ziegen hält, stellt Käse für den eigenen Gebrauch her und verkauft den Überschuss.

Folgende Arbeitsschritte sind für die Herstellung erforderlich: Melken der Ziegen, Einsammeln der Milch, Zugabe von Fermenten und Lab, Schneiden des Käsebruchs, Abtropfen, Formen, Salzen, Reifung und Überzug des Käses.

Die traditionellen Herstellungsmethoden wurden von Generation zu Generation weitergegeben, werden jedoch inzwischen durch moderne Techniken ersetzt, um bessere Hygienebedingungen zu gewährleisten und größere Mengen produzieren zu können.

Das Geheimnis des Ziegenkäses: Die Majorera- Ziege ist eine einheimische Rasse aus Fuerteventura, die sich bestens an die Umwelt angepasst hat.

Seit Beginn der Ziegenzucht wählten die Bauern sorgfältig die Tiere aus, sodass inzwischen eine extrem robuste und widerstandsfähige Rasse entstanden ist. Die Euter der Ziegen sind sehr groß, bei Tieren mit hoher Milchproduktion vergleichsweise übertrieben groß. Die Qualität der Ziegenmilch ist sehr gut, dick, aromatisch und fetthaltig, was zu den wichtigsten Geheimnissen des Ziegenkäses zählt.

Charakteristik des Käses: Die Herstellung des kanarischen Ziegenkäses ist ein Teil des kulturellen Erbes der autonomen Gemeinschaft der Inseln.

In erster Linie erfolgt die Käseherstellung aus roher Ziegenmilch, die sich durch eine hohe Qualität auszeichnet und dem Produkt besonderen Geschmack, Geruch und Aussehen verleiht.

Jede Insel produziert ihre eigenen Käsesorten, so nennt sich z.B. der Käse auf Fuerteventura Queso Majorero, auf La Palma Queso Palmero und auf Gran Canaria Queso de Flor de Guía.

Junger Ziegenkäse hat eine helle Rinde, die sich im Zuge der Reifung gelblich färbt. Das Einstreichen mit Paprika, Olivenöl, oder Gofio verleiht dem Käse ein unterschiedliches Aussehen.

Ursprungsbezeichnung: Der echte Queso Majorero ist mit einem Kontrolletikett ausgezeichnet, dass die Herkunft und Qualität der Rohstoffe, sowie das Herstellungs- und Reifeverfahren garantiert.
Die Ursprungsbezeichnung beruft sich auf Verordnungskriterien, die alle Käse erfüllen müssen, die diese Bezeichnung tragen.

Der Inselbewohner im Gleichklang mit dem Nutzvieh:
Vor der Ankunft der Europäer nannten die Inselbewohner Fuerteventura Mahoh, übersetzt mein Land.
Geschichtlich ist es nicht belegt wann sie ankamen, es ist jedoch sicher, dass sie Ziegen und Hirtenhunde mitbrachten.
Die Ziegen zählten zur wichtigsten Lebensgrundlage der Menschen: Sie dienten der Milch- und Fleischproduktion. Aus den Fellen wurden Kleidung und Schuhe gefertigt, die Sehnen dienten als Nähfäden, die Knochen als Nadeln und aus Leder und über Feuer gehärteten Stöcken konstruierten sie Flüge.
Sie verwendeten Leder und geschmolzenen Talg als Heilmittel und benutzten Butter, die sie aus Ziegenmilch gewannen, zur Wundheilung.
Die Hirtenhunde, die sich Majorero Canario nennen, erkennt man an ihren graubraun gestromten Fellen.
Die Hirten auf Fuerteventura melken bei kleinen Herde noch manuell, ab 60- 100 Ziegen werden Melkräume mit parallelen Systemen verwendet, um die Produktionsleistung und die Hygienebedingungen zu erhöhen.

48.1 Queseria Belido

Die Käserei Belido befindet sich in Tiscamanita, Richtung Antigua, wo sich auch das Mühleninterpretationszentrum befindet. Nach dem Orteingang biegt man rechts in die Calle San Marcos, hält sich an der Gabelung links und folgt dem Straßenverlauf bis zum Ende.
Am Eingang befindet sich eine Schelle, Timbre, auf die man drücken muss, kurz darauf wird der Verkaufsladen aufgeschlossen.
Zur Wahl stehen mittelreifer und reifer Ziegenkäse mit Paprika, Gofio oder Olivenöl und Frischkäse. Zudem wird Ziegenjoghurt und leckere Gofiokekse mit dunklem und hellem Schokoladenüberzug, Albajores de Gofio, angeboten.
Öffnungszeiten: Montags bis freitags 8.00- 14.00 und 16.00- 20.00 Uhr, samstags und feiertags 8.00- 14.00 Uhr, sonntags geschlossen.

48.2 Queseria Benigno

Auf dem Weg nach Ajui, an der FV-621, auf der Höhe von KM- 5 befindet sich die Käserei Benigno.
Neben den klassischen Käsesorten wird hausgemachte Almogrote angeboten, ein pikante Aufstrichpaste aus Ziegenkäse, Öl und Paprika.

48.3 Queseria Cañada de Agando

Die Käserei liegt an der FV-2 auf der Höhe von Tuineje. Man erkennt sie daran, dass sich ein riesiges Areal mit Ziegen direkt neben der Hauptstraße befindet.
Leider ist nur der Kauf von ganzen Käselaiben möglich.

48.4 Queseria La Pastora

Die Käserei befindet an der FV-605, gegenüber dem Ortseingang des Ortes La Pared.
Angeboten werden Käse aus Schafsmilch und/ oder Ziegenmilch, es besteht die Möglichkeit alle Sorten zu probieren.

48.5 Queseria Maxorata

Die Käserei liegt an der Fv-20 Gran Tarajal Richtung Tuineje. Nach dem 2. Kreisverkehr befindet sich auf der rechten Seite eine Autowaschstraße, Autolavado, direkt danach sieht man die Käserei Maxorata, dessen Eingangsschild an die Preistafel an Tankstellen erinnert.
Öffnungszeiten: Montag bis Sonntag 9.00- 16.00, Samstag 8.00- 13.00, an Feiertagen geschlossen.

49 Aloe Vera

Für den Reiseführer wurden zwei der fast unzähligen Aloe Vera Farmen besucht, um Ihnen einen Eindruck über das Angebot der Produkte zu verschaffen.
Die **Bio- Aloe Vera Farm Verde Aurora** liegt an der FV-2 in **Tecinosquey**, im **Malpais grande**, zwischen **Gran Tarajal** und **Pozo Negro**. Schriftzüge auf den Bergen weisen auf die Farm hin.
Neben Aloe Vera Produkten, werden Oliven, Öle, Marmeladen, Mojosoßen und Käse angeboten.
Im Außenbereich können die Aloe Vera Pflanzen, Olivebäume und eine „Ziegenherde" näher betrachtet werden.

Die **Aloe Vera Farm Finca Canarias** befindet sich direkt an der FV-2, auf der Höhe von **Tuineje**.

Die angagierten Mitarbeiter erklären alles rund um das Thema **Aloe Vera**, im Verkaufsraum wird eine Vielzahl an Produkten angeboten.

Laut Firmeninformation: „Eine der großen Schwierigkeiten bei der Anwendung von Aloe Vera ist die Reinheit, welche wesentlich für die Effektivität der wichtigen biochemischen Substanzen ist. Viele Aloe Vera Kosmetika sind so stark mit Chemikalien angereichert, dass keine zelluläre Aktivität mehr vorhanden ist. Leider verfügen viele dieser Produkte nicht über eine ausreichende Menge Aloe Vera, und manchmal erzielen sie keine Wirkung. In Finca Canarias Aloe Vera entfernen wir das Fruchtfleisch der Aloe Vera. Wir pressen es kalt, so bleiben alle Eigenschaften erhalten und wir können ein 99,7% pures Aloe Vera Produkt anbieten...".

50 Erlebnistouren Fuerteventura

Entdecken Sie alle Top Highlights Fuerteventuras von Nord nach Süd auf 5 beeindruckenden Erlebnistouren.

50.1 Die Nord-Tour

Traumhafte Karibikstrände treffen auf Wanderdünen und Kultur

Die Tour beginnt in **Corralejo** auf der FV- 1 Richtung Playas Grandes. Sie fahren durch den Naturpark, dem Parque Natural de Corralejo, direkt durch die Wanderdünen und an den traumhaften Stränden vorbei.

Nach der Playa del Porís geht die weiße Dünenlandschaft abrupt in braunes Vulkangebirge über. Sie folgen dem Straßenverlauf und biegen nach Casas de Jablito auf die FV- 102 Richtung La Oliva ab.

In **La Oliva** können folgende Sehenswürdigkeiten besichtigt werden: Die Kirche **Nuestra Señora de La Candeleria**, das **Casa de Los Coroneles**, die **Ermita de Puerto Rico**, das **Kornmuseum- La Cilla**, das Kunstzentrum **Centro de Arte Canario- Casa Mané** und das **Casa del Inglés**.

Folgen Sie der FV- 10 Richtung **El Cotillo**. Besuchen sie den Wehrturm, das **Castillo de El Tostón**, sehen Sie sich die **Kalköfen** im Hafen an und machen Sie einen Abstecher zu der langen **Playa del Castillo**.

Von El Cotillo führt die Küstenstraße nördlich zum **Museo de la Pesca Tradicional**- dem **Fischereimuseum**.

Weitere traumhafte Badebuchten, die **Playas de Los Charcos**, befinden sich unweit des Leuchtturms, Richtung Norden.

50.2 Die Entdecker- Tour im Zentrum Fuerteventuras

Die Tour beginnt im Ort **Tuineje**, der über die FV- 20 zu erreichen ist. Hier besichtigen Sie die **Kirche San Miguel Arcangel**, mit den Altarbildern zur historischen Schlacht am **Tamasite**.

Von hier führt die FV- 20 nach **Tiscamanita** mit dem **Centro de Interpretacion de Molinos**- dem **Tiscamanita Interpretationszentrum der Windmühlen**.

Auf der Weiterfahrt treffen Sie in **Antigua** auf die Windmühle, die **Molino de Antigua** mit angeschlossenem Käsereimuseum, dem **Museo de Queso Majorero.**

Von Antigua führt die FV- 20 nach **La Ampuyenta** mit Sehenswürdigkeiten, die zur Inselgeschichte gehören: das **Krankenhaus,** das **Hospital San Conrado y San Gaspar**, die **Ermita de San Pedro de Alcantara**, das Geburtshaus von **Frailito Andres** und das **Casa Museo Doctor Mena**.

Richtung Norden biegen Sie von der FV- 30 auf die FV- 207 nach **Tefía** zum Freilichtmuseum **Ecomuseo La Alcogida** ab. Mit der Besichtigung eines traditionellen ländlichen Dorfes endet diese Tour.

50.3 Die perfekte Panoramafahrt im Süden

Auf dieser beein-druckenden Strecke erleben Sie entlang der Landstraße die Übergänge einer Sahara- Wüste in sanft umrundete und glatt geschliffene Vulkan-landschaften und unvergleichbaren Aussichtspunkten.

Aus dem Süden kommend, beginnt die Tour von **Costa Calma** aus, Richtung **La Pared**.

Auf der Strecke besteht die Möglichkeit am **Mirador Astronomico de Sicasumbre** einen kurzen Stopp einzulegen, oder man setzt die Fahrt fort.

Vorbeikommend an der Ortschaft **Fayagua**, mit überdachten Anbaugebieten, weist zu Erntezeiten von Tomaten ein Schild auf den Verkauf hin.

Vorbei an einer, am Straßenrand künstlich angelegten Palmenallee, führt die FV- 605 direkt nach **Pájara**.

Hier steht die Kirche **Nuestra Señora de la Regla** und der Schöpfbrunnen, die **Noria**, im Mittelpunkt.

An der ausgeschilderten FV- 30, Richtung Betancuria, führt die Panoramafahrt an einem Kalkbrennofen vorbei.
Über die extrem geschwungenen Serpentinen, gelangt man zum Aussichtspunkt von **Betancuria**, dem **Mirador del Risco de la Peña** mit dem Blick auf das Tal mit dem unrealisierten Staudamm in Vega **de Río de Palmas**.
Die FV- 30 führt weiter in die alte Inselhauptstadt Betancuria.
Auf der Weiterfahrt zum **Mirador de Morro Velosa**, liegt der Aussichtspunkt **Mirador de Guise y Ayose**.
Hier endet die Panoramatour.

50.4 Die Küstentour

Die Tour startet im Süden Fuerteventuras, in **Costa Calma**.
Von der FV- 2 führt ein Kreisverkehr, an die Küste entlang, nach **La Pared**.
Besuchen Sie im Ort die Strände oder probieren Sie Ziegenkäse in der, von der Straße, gegenüberliegenden Käserei.
Die FV- 605 führt Sie durch die braunen Vulkanlandschaften, vorbei am höchsten Berg der Region, dem Montaña de Cardon mit 691 m zum **Aussichtspunkt Mirador Astronomico de Sicasumbre**.
Genießen Sie die einzigartigen Vulkanlandschaften auf dem Weg nach **Pájara** und biegen Sie vor der Ortschaft auf die ausgeschilderte FV- 621 nach **Ajui** ab.
Mit der Besichtigung dieses unvergleichbaren Küstenabschnittes endet die Tour.

50.5 Die Südtour zur Spitze Fuerteventuras

Kurz vor dem Hafen von **Morro Jable** führt von der FV-2 eine ausgeschilderte Straße nach **Cofete** und dem **Punta de Jandía** mit dem **Leuchtturm Faro de Jandía**.
Die lange Piste führt direkt zur Südspitze Fuerteventuras zum **Faro de Jandía**, die **Abzweigung nach Cofete**, ist mit einem großen Schild ausgewiesen.
Am **Pass**, dem **Punto de Vista sobre Puerto de Montaña**, angekommen, an dem man fast weggeweht wird, genießt man eine fantastische Aussicht auf **Cofete** und die **Barlovento**- Küste, mit der **Playa de Barlovento**.
Besuchen Sie die geschichtsträchtige **Villa Winter** und spazieren Sie am kilometerlangen Strand entlang.

An der Abzweigung nach Cofete zurückgekehrt, folgen Sie dem Straßenverlauf nach rechts, Richtung El Puertito, zum Leuchtturm.

51 Mini 1 x 1 auf Spanisch

Natürlich wird nicht erwartet, dass man perfekt spanisch spricht, aber schon einige einfache Floskeln machen den Aufenthalt einfacher und der Spanier freut sich, dass man sich zumindest die Mühe macht, sich mit ihm zu unterhalten. Und los geht es. Das **Allerwichtigste** zuerst:

- Guten Morgen/Tag --- Buenos días --- buenos di- as, das i wird wie im deutschen die ausgesprochen
- Guten Tag --- Buenas tardes --- buenas tardes
- Guten Abend/ Nacht --- Buenas noches --- buenas notsches
- Bis zum Mittagessen, das zwischen 13 Uhr und 15 Uhr eingenommen wird, sagt man BUENOS DIAS, danach bis zum Sonnenuntergang BUENAS TARDES, am späten Abend BUENAS NOCHES. Zu jeder Tageszeit kann man auch HOLA QUE TAL? --- Hallo, wie geht es? --- ola ke tal? – zur Begrüßung verwenden. Auf die Frage wird gar nicht oder einach mit BIEN – gut – bi- en geantwortet.
- Aufwiedersehen --- Adíos --- (a- dios), das i wird wie im deutschen die ausgesprochen
- Bitte --- Por favour --- por fabor
- Danke --- Gracias --- grazias
- Ja --- Si --- si
- Nein --- No --- no
- Entschuldigung --- Perdón --- perdon
- In Ordnung/ Ok. --- Vale --- bale
- Hilfe --- Socorro --- sokorro
- Rufen Sie schnell einen Arzt --- Rápido, llame a un médico rapido --- ra-pido jame a un mediko
- Rufen Sie schnell einen Krankenwagen --- Rápido, llame una ambulancia rapido --- ra- pido jame una ambulancia
- Wo ist die Toilette? --- Dónde están los servicios? --- donde e- stan los serbicios
- Wann? --- Cuándo? --- kuando
- Was? --- Qué? --- Ke?
- Wo? --- Dónde? --- donde
- Hier --- Aquí --- aki

- Dort --- Allí --- aji
- Rechts --- A la derecha --- a la deretscha
- Links --- A la izquierda --- a la is-kierda
- Geradeaus --- Todo recto --- todo rekto
- Haben Sie...? --- Tiene...? --- tiene...
- Ich möchte... --- Quiero... --- ki- ero
- Was kostet das? --- Cuánto cuesta? --- Kuanto kuesta
- Wo ist...? --- Dónde está...? --- Donde esta...?
- Heute --- Hoy --- oi
- Morgen --- Mañana --- manjana
- Ich möchte nicht. --- No quiero --- no kiero
- Ich kann nicht --- No puedo --- no puedo
- Einen Moment bitte! --- Un momento, por favor! --- Un momento por fabor
- Lassen Sie mich in Ruhe! --- Déjame en paz! --- Dechame en pas
- Die Getränke --- Las Bebidas --- las be- bidas
- Wein --- vino --- bino
- Weißwein --- vino blanco --- bino blanko
- Rotwein --- vino tinto --- bino tinto
- Rosé --- vino rosado --- bino rosado
- Schaumwein --- vino espumoso --- bino es- pumoso
- Hauswein --- vino de la casa --- bino de la kasa
- Rotweinbowle --- sangria --- san- gria
- Apfelwein --- sidra --- si- dra
- Rotweinschorle --- tinto de verano --- tinto de berano
- Champagner --- champán --- tscham- pan
- Sekt --- cava --- kaba
- Lieblich --- dulce --- dulsche
- Halbtrocken --- semiseco --- semi secko
- Trocken --- seco --- secko
- Bier --- Cerveza --- cer- weßa
- Bier vom Fass --- cerveza de barril --- cer- weßa de bar- ril
- Ein kleines Bier --- una caña --- una kann-ja
- Wasser --- agua --- agwa
- Mineralwasser --- agua mineral --- agwa mineral
- Mit Kohlensäure --- con gas --- kon gas
- Ohne Kohlensäure --- sin gas --- sin gas
- Mit Eis --- con hielo --- kon i- elo
- Ohne Eis --- sin hielo --- sin i- elo
- Saft --- zumo --- sumo

- Orangensaft --- zumo de naranja --- sumo de narancha
- Apfelsaft --- zumo de manzana --- sumo de manzana
- Tomatensaft --- zumo de tomate --- sumo de tomate
- Kaffee --- café --- kafee
- Milchkaffe --- café con leche --- kafee kon letsche
- Schwarzer Kaffee --- café solo --- kafee solo
- Kaffee mit Kognak --- carajillo --- karachi- jo
- Schokolade --- chocolate --- schokolate
- Kaffee mit etwas Milch --- cortado --- kortado
- Pfefferminztee --- infusión de hierbabuena --- infusion de ierba- buena
- Kamillentee --- manzanilla --- manzani- ja
- Tee --- té --- the
- Tee mit Zitrone --- té con limón --- the kon limonn
- Milch --- leche --- letsche
- Frühstück --- desayuno --- des- ajuno
- Mittagessen --- almuerzo --- al- muerzo
- Abendessen --- cena --- cena
- Guten Appetit --- que aproveche --- ke aprovetsche
- Prost --- salud --- salud
- Besteck --- cubierto --- kubi- erto
- Achenbecher --- cenicero --- cenicero
- Flasche --- botella --- boteja
- Glas --- vaso --- baso

FSC
www.fsc.org

MIX

Papier aus ver-
antwortungsvollen
Quellen
Paper from
responsible sources

FSC® C105338